MARKUS C. KERBER

DIE DRAGHI-KRISE

W0173956

MARKUS C. KERBER

DIE DRAGHI KRISE

WIE DIE EUROPÄISCHE UNION PLANT UND DEUTSCHLAND BEZAHLT

FBV

Bibliografische Information der Deutschen Nationalbibliothek

Die Deutsche Nationalbibliothek verzeichnet diese Publikation in der Deutschen Nationalbibliografie. Detaillierte bibliografische Daten sind im Internet über **http://dnb.d-nb.de** abrufbar.

Für Fragen und Anregungen:
info@finanzbuchverlag.de

1. Auflage 2018

© 2018 by FinanzBuch Verlag
ein Imprint der Münchner Verlagsgruppe GmbH
Nymphenburger Straße 86
D-80636 München
Tel.: 089 651285-0
Fax: 089 652096

Alle Rechte, insbesondere das Recht der Vervielfältigung und Verbreitung sowie der Übersetzung, vorbehalten. Kein Teil des Werkes darf in irgendeiner Form (durch Fotokopie, Mikrofilm oder ein anderes Verfahren) ohne schriftliche Genehmigung des Verlages reproduziert oder unter Verwendung elektronischer Systeme gespeichert, verarbeitet, vervielfältigt oder verbreitet werden.

Umschlaggestaltung: Pamela Machleidt
Umschlagabbildung: Shutterstock/ R.Aranda79, Getty Images/Chesnot/ Kontributor
Satz: Röser Media
Druck: CPI books GmbH, Leck
Printed in Germany

ISBN Print 978-3-95972-156-1
ISBN E-Book (PDF) 978-3-96092-282-7
ISBN E-Book (EPUB, Mobi) 978-3-96092-283-4

Weitere Informationen zum Verlag finden Sie unter
www.finanzbuchverlag.de
Beachten Sie auch unsere weiteren Verlage unter www.m-vg.de.

INHALT

Anlagen

»Was immer geschieht:
Nie dürft Ihr so tief sinken,
von dem Kakao,
durch den man Euch zieht,
auch noch zu trinken.«

Erich Kästner

Einführung: Worum es geht

Wie gut, dass es Italien gibt! Dies ist nicht etwa der Ausdruck jener Sehnsucht, die das deutsche Bildungsbürgertum dazu veranlasste, die Apenninen-Halbinsel regelmäßig ob ihrer immensen Kunstschätze und einzigartigen Schönheit zu besuchen. Es ist auch nicht jenes Zugeständnis, welches bei großen und kleinen Dichtern dazu führte, dass sie – wie einst Goethe – über Rom und Italien Elegien schrieben. Nein, diesmal geht es um Handfesteres.

Denn der Schuldenweltmeister der Europäischen Währungsunion mit insgesamt circa 2,3 Billionen Verbindlichkeiten der öffentlichen Hand schickt sich an, vor den Augen der ungläubig staunenden europäischen Eliten den lang im Verborgenen gehegten italienischen Traum in aller Öffentlichkeit beim Namen zu nennen. Noch bevor es zu einer Regierungsbildung zwischen der alten Lega-Partei und der neu entstandenen Fünf-Sterne-Bewegung in Italien gekommen war, sprachen ihre Führer unter dem Beifall diverser italienischer Ökonomen das aus, woran vielleicht auch manche italienische Beamte innerhalb der EZB insgeheim schon seit Langem gedacht haben. Sie wollen einen beträchtlichen Teil der italienischen Schulden im Eurosystem für immer dort lassen, wo er gegenwärtig ist: in den Bilanzen der Zentralbanken. Dies käme fürs Erste einem Schuldenerlass von circa 250 Milliarden Euro gleich. Denn eine Schuld, die nicht zurückgezahlt wird, sondern auf ewig im Roll-over-Prinzip in der Bilanz einer Zentralbank verbleibt, spürt der italienische Staat nicht mehr.

Dass die neuen Führer Italiens über diesen Traum sogar öffentlich reden, während er für die Euro-Oberen in der EZB und in Brüssel ein Albtraum ist, scheint nicht wirklich erstaunlich. Denn zu groß ist die Gefahr, dass die von Herrn Draghi energisch forcierte Aufkauf-politik, die bisher 2,6 Billionen öffentlicher Schulden in die Bilanzen von EZB und Zentralbanken packte, die Versuchung nahelegt, die so in den Bilanzen der Zentralbank geparkten Schulden ein für alle Mal im » EZB-Sarkophag« verschwinden zu lassen. Die aus Deutschland mit verfassungsrechtlichen und europarechtlichen Argumenten in-brünstig bekämpfte Aufkaufpolitik der EZB macht den Regelverstoß zum Gegenstand von Prozessen.[1] Die Kläger vor dem Verfassungsge-richt als auch vor dem Europäischen Gerichtshof begehren ein Ur-teil: dass nämlich Draghis Aufkaufprogramm das Verbot der monetä-ren Staatsfinanzierung gemäß Art. 123 des AEUV verletzt.

Der in Rom erdachte Schuldenerlass würde allseits als ein solcher Verstoß in flagranti angesehen werden. Dass dieser mit Händen greif-bare Verstoß gegen fundamentale Prinzipien der Europäischen Wäh-rungsunion von der Regierung eines bedeutenden Landes – immer-hin der drittgrößten Volkswirtschaft der EU – ernsthaft in Erwägung gezogen wird, lässt tief in das Regelverständnis innerhalb der Euro-päischen Währungsunion blicken. Nicht, dass die Italiener dieses Re-gelverständnis ähnlich wie die Griechen nie wirklich verinnerlicht hätten. Nein, die Dinge liegen viel schlimmer. Dadurch dass Draghis EZB im Rahmen seines Ankaufprogramms Hunderte von Milliarden Euro an Anleihen dem Handel entzogen hat und bis zu deren Endfäl-ligkeit in die Zentralbankbilanzen verlagerte, hat er der italienischen Politik einen Köder hingelegt, nämlich den logischen zweiten Schritt nachfolgen zu lassen und ökonomisch zu einer »Neutralisierung« der Schulden beizutragen.

---

1   Vgl. Markus C. Kerber, Positionen und Argumente – im Kampf mit Brüssel, Luxemburg und Berlin 2003–2017, Marburg 2017.

Glücklicherweise ließ die Reaktion der Märkte nicht auf sich warten und der Renditeabstand zwischen deutschen und italienischen Anleihen mit mehr als zehn Jahren Laufzeit vergrößerte sich schlagartig. Aber eine Idee, die einmal in der Welt ist, und einem dringenden Interesse der italienischen Politik entspricht, wird so schnell nicht mehr aus der Welt zu schaffen sein.

Dies rückt ein Land in den Vordergrund, das nicht nur Gegenstand endloser formalästhetischer Sehnsüchte ist.[2] Vielmehr geben die Forderungen der neuen italienischen Regierung an ihre nördlichen Nachbarn Anschauung und Gelegenheit, Italien mit wachsendem Realismus als ökonomisch besonders wichtiges Mitglied der Europäischen Währungsunion zu betrachten. Draghi und seine vielen italienischen Mitstreiter in der Europäischen Zentralbank (Ignazio Angeloni, Chiara Zilioli, Concetta Brescia Morra, um nur einige zu nennen) werden aufgeschrien haben, als ihre italienischen Landsleute am 16.5.2018 die entblößenden Vorschläge der Öffentlichkeit präsentierten. Denn der EZB-Chef und seine treuen italienischen Mitstreiter betreiben die Privilegierung italienischer Staatsschuld im Rahmen der von ihnen geenterten supranationalen Europäischen Zentralbank auf viel subtilere Art und Weise. Hört man die Diskurse des autokratischen EZB-Chefs in den Pressekonferenzen, die den Zusammenkünften des EZB-Rats folgen, so muss man mit ungläubigem Staunen erfahren, dass diese riesigen Aufkaufprogramme allein dem Ziel der Erreichung der Preisstabilität, also eines Verbraucherpreisanstiegs von unter, aber nahe 2 Prozent dienen. Dass selbst die dort versammelten andächtigen Journalisten Signor Draghi dieses Märchen nicht mehr abnehmen und das Wort *Forward Guidance* mittlerweile einen ironischen Beiklang hat, ist indessen nur der eine Teil der Geschichte.

---

2   Vgl. Hildegard Wiegel (Hg.), Italiensehnsucht. Kunsthistorische Aspekte eines Topos, München 2004.

Denn Draghi steht für viel mehr. Jener Chef der EZB, der die Vertreter anderer Länder, wie Bundesbank-Präsident Weidmann und
Herrn Knot aus den Niederlanden, so zu marginalisieren verstand,
als würden sie Volkswirtschaften von der Größe Maltas und Luxem-
burgs repräsentieren, hat eine große Vergangenheit, die es wert ist,
beleuchtet zu werden. Als Draghi sich vor fast acht Jahren anschick-
te, Chef der mächtigsten europäischen Institution zu werden, wusste er ganz genau, welche Vergangenheit ihn verfolgte. Damit ist nicht
seine ruhmreiche Karriere als Direktor des italienischen Schatzamtes
gemeint. Noch weniger interessieren in diesem Zusammenhang seine
wissenschaftlichen Tätigkeiten beim MIT in Amerika sowie seine Be-
ratertätigkeit bei Goldman Sachs. Nein, entscheidend ist, dass Draghi
als Gouverneur der italienischen Zentralbank und Notenbank Banca
d'Italia (von 2006 bis 2011) umfassend für die Beaufsichtigung der
italienischen Kreditinstitute zuständig war. Die italienischen Kreditinstitute sind mehr als Pfandhäuser und Geldverleiher. Sie sind in
dem großen Geschäft der italienischen Staatsfinanzierung das entscheidende Scharnierstück. Ohne sie wäre Italien pleite. Sie müssen
den Italienern nahebringen, die Schuldtitel des italienischen Staates
zu erwerben, bzw. den internationalen Investoren eine solche Kauf-
neigung nahelegen. Daher dürfen sie auch nicht zum Gegenstand von
Zweifeln an ihrer Bonität werden oder gar einem Liquidationsverfahren unterworfen werden. Wenn nun eine Reihe von regierungsnahen
Banken sanierungsbedürftig ist oder gar abwicklungsbedürftig würde und darüber hinaus die drittgrößte Bank, die Banca Monte dei Paschi, 2016 nur durch eine Rekapitalisierung des italienischen Staates
gerettet werden konnte, so liegen die Gründe dieser Misere weit zurück, aber nicht so weit, als dass man die Spuren von Herrn Draghi
nicht noch gut erkennen kann.

Dies ist der Gegenstand und Zweck der nachfolgenden Zeilen:

darzustellen, dass ein tüchtiger, begabter und hart arbeitender, italienischer Ministerialbeamter es gegen den Willen der Hartwährungsländer schaffte, die EZB zu übernehmen, um kurz entschlossen diese Gemeinschaftsinstitution zur Rettung seines Landes einzusetzen. Dabei dürfen die italienischen Banken nicht zu kurz kommen, denn sie sind der kollusive Partner des italienischen Staates bei der Perpetuierung der öffentlichen Schuld.

Dass eine Reihe von Banken in Liquidation geraten ist bzw. ihre Bonität öffentlich diskutiert wird, ist für Herrn Draghi mehr als ein Schönheitsfehler. Denn nun muss er sich seiner Vergangenheit stellen. In Italien hat das Establishment über diese Problematik und den Zusammenhang mit den Tätigkeiten von Herrn Draghi als Chef der Bankenaufsicht den Mantel des Schweigens gebreitet. Dieses Schweigen wollen wir brechen und vor allen Dingen in den folgenden Kapiteln das Ausmaß der italienischen Risiken, die tiefe Verstrickung des EZB-Präsidenten und die deutsche Haltung gegenüber dieser Politik problematisieren.

Während die politische Elite Deutschlands sich weiterhin im Tiefschlaf übt und Draghi gewähren lässt, gibt eine gelernte Ombudsfrau aus Irland bereits Steilvorlagen zur Problematisierung des Autokraten Mario Draghi. Die Rede ist von Emily O'Reilly, dem »EU-Ombudsman«, der nicht nur ein Briefkasten für Querulanten ist, sondern auch auf Eigeninitiative Governance-Missstände innerhalb der Europäischen Union aufzugreifen das Recht hat. Ihr lagen 2016 mehrere Beschwerden vor, die die Teilnahme und ständige Mitgliedschaft von Mario Draghi bei der sogenannten G30-Gruppe zum Gegenstand hatten.

Die G30-Gruppe ist ein privates Gremium hochrangiger Vertreter der Finanzwirtschaft. Zu ihr zählen Wissenschaftler, Zentralbankpräsidenten und Geschäftsleute. Die feine Gesellschaft ist so privat, dass sie bei Wikipedia als eine »private Lobby-Organisation der Finanzwirtschaft« geführt wird.[3] Draghi ist hier, wie auch seine Vorgänger, ständiges Mitglied. Man kommt zusammen, um sich auszutauschen. Dabei belässt man es nicht bei einem unschuldigen Meinungsaustausch und Kommentaren über die Geldpolitik in der EWU und die Finanzkrisen in Griechenland, Italien und Zypern sowie in Argentinien und vielleicht demnächst auch in Washington. Nein, ganz im Gegenteil: Die Zusammenkünfte von G30, die strengstens von der Öffentlichkeit abgeschirmt sind, dürften als ein Kartell des Finanzkapitals angesehen werden. Wer nicht weiß, dass nur wenige Informationen ausgetauscht werden müssen, um Investoren-Entscheidungen zu beeinflussen, der sei an den Vortrag von *Benoît Cœuré* auf einer privaten Investorenkonferenz in London vor einigen Jahren erinnert. Als sich Cœuré, der für Marktoperationen zuständige Vorstand der EZB, über die künftige Zinspolitik äußerte, verließen einige der geladenen, hochrangigen Investment-Banker noch während der Veranstaltung die Zimmer, um schnell mit ihren Händlern zu telefonieren. Der Vorgang wurde dann erst in der Öffentlichkeit problematisiert. Die EZB versicherte danach sofort, dass sich eine solche Form problematischen Informationsaustausches nicht wiederholen würde. Cœuré blieb hingegen ungestraft.

Dieses vorausgeschickt, wird niemand im Einzelnen bezweifeln wollen, dass die im Rahmen der G30-Gruppe ausgetauschten Informationen hochpolitisch sind und es den Teilnehmern erlauben, das Verhalten der meisten Zentralenbanken der westlichen Welt genauer einzuschätzen. Warum auch sonst kommen Leute wie Timothy Gei-

---

3   Wikipedia: Group of Thirty.

thner, Benjamin Bernanke und der Chef der Bank of England, Mark Carney, mit Mario Draghi zusammen, wenn nicht um sich über ihre geldpolitischen Aktivitäten und Vorhaben außerhalb jeder Öffentlichkeit auszusprechen?!

Die tüchtige EU-Ombudsfrau, in dieser Tätigkeit bereits als irische Parlamentarierin geübt, nahm an Draghis ständiger Mitgliedschaft an der G30-Gruppe Anstoß. Sie begründete ihre Kritik damit, in der Öffentlichkeit könne der Eindruck entstehen, dass die Unabhängigkeit der EZB als Aufsichtsgremium unterminiert werde. Die Aufsichtsführenden dürften sich nicht mit den Beaufsichtigten an einen Tisch setzen, um über finanzwirtschaftliche Dinge zu reden. Ihr Urteil war hart. Sie schloss ihre ausführliche Untersuchung mit der Schlussfolgerung ab, es handele sich bei der Mitgliedschaft und Teilnahme von Mario Draghi an der G30-Gruppe um einen Fall von »maladministration«, zu Deutsch: »Misswirtschaft«.[4]

Die Antwort aus der EZB auf diese Feststellung der EU-Ombudsfrau vom 18.1.2017 ließ lange auf sich warten. Dann endlich ließ Draghi über seinen Vizepräsidenten, den Mann für subalterne Aufgaben – Vitor Constancio –, am 18.4.2018 über elf Seiten erklären,[5] warum Draghis Mitgliedschaft und Teilnahme nur eine alte Tradition seiner Vorgänger fortsetze und dass im Übrigen Interessenkonflikte deshalb nicht möglich seien, weil sich Draghi an die Ethik-Regeln der EZB halten würde.

Die amtliche Augenwischerei, vorgetragen vom treuen Caddy des EZB-Herrschers Draghi, dem damaligen Vize-Präsidenten Vitor Constancio, überzeugte die kritische Irin nicht. Sie bestätigte ihre Auffassung und nahm die EZB-Apologetik nicht nur im Einzelnen

---

4   https://www.ombudsman.europa.eu/de/decision/en/98547.
5   Siehe Schreiben mit dem Zeichen LS/VC/18/10.

auseinander, sondern empfahl auch, dass sich der nächste Präsident der EZB eine Mitgliedschaft und Teilnahme an der G30 versagen müsse.

Emily O'Reilly (*1957), irische Journalistin und Autorin, seit 1. Oktober 2013 Europäische Bürgerbeauftragte (European Ombudsman) der Europäischen Union.

Decision of the European Ombudsman on the involvement of the President of the European Central Bank and members of its decision-making bodies in the 'Group of Thirty'
(Online: https://www.ombudsman.europa.eu/de/decision/en/98547, abgerufen: 24.07.18).
Entscheidung-Case 1697/2016/January
Opened on Wednesday | 18 Januar 2017
This case concerned the membership of President Draghi and the involvement of senior staff of the European Central Bank (ECB) in the 'Group of 30', a private group that includes senior public officials, academics and private sector bankers (including representatives from a number of major banks either directly or indirectly supervised by the ECB).
In her inquiry, the Ombudsman examined whether the President of the ECB should continue as a member of the «G30" and whether he

and the members of the ECB's decision-making bodies should continue to participate in G30 activities and, if so, under what conditions.
The Ombudsman found that the ECB President's continued membership of the G30 could undermine public confidence in the indepen-
dence of the ECB. The Ombudsman therefore recommended to the
ECB that its President should suspend his membership of the G30.
The Ombudsman acknowledged that participation by the ECB in certain G30 activities may, subject to certain conditions, comply with the
principles of good administration. To ensure that it is always the case
that participation complies with the principles of good administration, the Ombudsman made a number of recommendations to the ECB.
The ECB's reply to the Ombudsman's recommendations was not sa-
tisfactory. It remained in denial regarding the implications of the membership of its President in the G30 and refused to improve its appli-
cable rules and procedures.
Therefore, the Ombudsman closes her inquiry by confirming her fin-
dings of maladministration.

In der breiten Öffentlichkeit ist dieser Streit kaum bekannt geworden. Denn die Kommunikationsdirektorin von Herrn Draghi arbei-
tet geräuschlos und effizient. Doch bleibt es das Verdienst der hartnä-
ckig-eleganten Ms O'Reilly, ein Zeichen gesetzt zu haben. Schließlich
hat Draghi dem Image der EZB als einer sowohl von Regierungen
als auch von privaten Lobbys unabhängigen Bank einen Bärendienst
erwiesen. Indessen dauert seine Mitgliedschaft in dem Kungel-Club
des Finanzkapitals, genannt G30, an.

Auch wenn die Amtszeit von Mario Draghi zeitlich beschränkt ist,
hofft der hohe Herr, für die Zeit nach ihm die wichtigen Schaltstel-
len der EZB mit Landsleuten bestücken zu können. Demnächst wird
ein Chef für die EZB-Bankenaufsicht gesucht. Denn Madame Danièle Nouy scheidet im Dezember 2018 aus dem Amt. Offiziell geht es

formgemäß zu: Die EZB veröffentlichte sogar eine Stellenausschrei-
bung. Unter der Hand weiß man indessen, wer sich – mit Unterstützung von Mario Draghi – große Hoffnungen auf diesen wichtigen
Posten macht: kein anderer als *Andrea Enria*, der bisherige Chef der
European Banking Authority, einer konsultativen Aufsichtsbehörde,
die sich um Gutachten und Koordination im Bankengewerbe – allerdings ohne Entscheidungsbefugnisse – kümmert. Gewiss kann er
auf die Unterstützung nicht nur der italienischen Regierung, sondern
auch seines Landsmannes Mario Draghi zählen. Denn dieser hat das
allergrößte Interesse daran, an der Spitze der EZB-Bankenaufsicht einen Mann zu sehen, der ihm helfen wird, die dunkle Vergangenheit
seiner Aufsichtstätigkeit als Gouverneur der Banca d'Italia auch weiterhin im Dunkeln zu belassen. Natürlich würde auch sein engster
Mitarbeiter *Ignazio Angeloni*, ohnehin schon sehr eng mit der Bankenaufsicht betraut, von Draghi als ein geeigneter Chef der EZB-Bankenaufsicht angesehen werden.

Wir werden sehen, ob die deutsche Politik darauf vertrauen wird, für
die noch offene Kandidatur von Herrn Weidmann als EZB-Präsident
personalpolitische Kompromisse als Vorleistung in Kauf zu nehmen.
Jedenfalls hat die Personalpolitik Italiens in Mario Draghi einen kon-
genialen Gestalter gefunden.

1. Kapitel:

Gefangener seiner Vergangenheit, befangen als EZB-Chef: Mario Draghi

Der Held unserer Abhandlung und unbestrittene Star der europäischen Geldpolitik, *Mario Draghi*, ist spätestens seit der Übernahme des Präsidentenamtes der EZB von unterschiedlichen Seiten unter Anspielung auf seine Vergangenheit als leitender Mitarbeiter bei der amerikanischen Investmentbank Goldman Sachs International kritisiert worden. Dass Draghi in der Zeit von 2002 bis 2005 Vice Chairman and Managing Director bei Goldman Sachs war, ist unbestritten. Dass Goldman Sachs das griechische Finanzministerium beraten hat, um im Wege von Währungsswap-Geschäften der europäischen Statistikbehörde Eurostat einen unzutreffenden Schuldenstand und ein falsches Defizit zu melden,[6] wird mittlerweile nicht mehr ernsthaft bestritten.

Das Fehlen von Befangenheitsregeln in der EZB steht in schroffem Gegensatz zur Forderung der Europäischen Währungsunion nach der Unabhängigkeit der Europäischen Zentralbank von Weisungen der nationalen Regierungen. Wenn erst diese Weisungsfreiheit (vgl. Art. 130 AEUV) die Ausrichtung auf eine stabilitätsorientierte

---

6   Vgl. hierzu: Spiegel 6/2010 vom 8.2.2010, S. 76 Fn. 4; ebenso: Beat Balzli, Unsichtbare Miese. Wie die US-Bank Goldman Sachs der griechischen Regierung bei ihrer Schuldenkosmetik half, Spiegel 6/2010 vom 8.2.2010, S. 76.

Geldpolitik sicherstellen sollte, wie kann es dann angehen, dass die Satzung der EZB sowie die Ethikvorschriften und sonstige Verhaltenskodizes die Augen vor den faktischen Abhängigkeiten und Interessenkonflikten aufgrund bisheriger beruflicher Tätigkeiten verschließen?!

Der Fernsehfilm *Der Tod eines Bankers*[7] illustriert eindrucksvoll die massiven Eingriffe der Banca d'Italia unter Verantwortung von Mario Draghi zur Rettung einer Reihe maroder italienischer Banken mit dem ausschließlichen Zweck, den Kollaps des Bankensystems in toto zu verhindern. Dass jener Mario Draghi, der bei dieser Camouflage eine wichtige, wenn nicht entscheidende Rolle gespielt hat, heute Chef der Europäischen Bankenaufsicht ist, darf wohl als ein Stück aus dem Tollhaus gewertet werden. Es zeigt im Übrigen auch die fast bemitleidenswerte politische Naivität der Vertreter der Bundesbank in den Gremien der EZB und den Kleinmut der Bundesregierung bei der einvernehmlichen Bestellung von Mario Draghi als EZB-Präsident. Dass einem Mann mit der Vergangenheit Mario Draghis – Gefangener seiner statistischen Manipulationen im italienischen Schatzamt und verantwortlich für die Verschleierung von Bankenskandalen als Chef der Banca d'Italia – die Zügel der europäischen Geldpolitik und dann sogar der Europäischen Bankenaufsicht mit Zustimmung Deutschlands anvertraut werden, veranschaulicht, wie tief und fest die politische Führung der zentralen Macht Europas, Deutschlands, bei wesentlichen Weichenstellungen der europäischen Finanzpolitik geschlafen hat.

---

7   Vgl. Anlage 2.

2. KAPITEL:

DER ITALIENISCHE BANKENSEKTOR:
EIN KLUMPENRISIKO

Wie alle Zentralbanken des Eurosystems so gibt auch die Banca d'Italia einen Finanzstabilitätsbericht heraus. Schenkt man dem Finanzstabilitätsbericht für das Jahr 2017[8] Glauben, so steht es um die italienische Wirtschaft, insbesondere die Kreditwirtschaft, im Grunde genommen bestens. So heißt es dort, dass sich sowohl für Haushalte als auch für Unternehmen die Finanzierungsbedingungen ständig verbessert haben. Ferner seien die Risiken im Bereich der Kreditwirtschaft stark zurückgegangen. Das Volumen der vergebenen Bankkredite befände sich in einem moderaten Wachstum und die Unternehmen hätten in zunehmendem Maße Zugang zum Markt für Unternehmensanleihen gefunden.[9]

Auch die öffentlichen Finanzen hätten sich im Jahr 2017 stark verbessert. Der Verschuldungskoeffizient sei gemessen am Bruttoinlandsprodukt nur leicht auf 131,8 Prozent des BIP zurückgegangen.[10] Indessen sei die durchschnittliche Laufzeit der Staatsanleihen so lang, dass im Falle eines Zinsanstiegs keine Verschlechterung der Verschuldungssituation zu befürchten sei. Gleichwohl, so räumt die

---

8   Erschienen April 2018.
9   Stabilitätsbericht 01/2018 Banca d'Italia, S. 10.
10 Vgl. Banca d'Italia, Finanzstabilitätsbericht, S. 11.

Banca d'Italia ein, sei das Niveau der öffentlichen Verschuldung so hoch, dass die italienische Wirtschaft durch Spannungen auf den Finanzmärkten und ein Abflachen des zukünftigen Wachstums verwundbar bleibe.[11] Die Banca d'Italia sei erleichtert darüber, dass der Umfang der Finanzierung, die von Banken und Finanzgesellschaften dem Unternehmenssektor gewährt werde, stark gewachsen sei. Die Expansion des Kreditvolumens sei eng mit der Akzeleration der Investitionen in der zweiten Jahreshälfte 2017 verbunden.[12]

Vorsichtshalber hat die Banca d'Italia auch »Unternehmen mit einer gewissen Verwundbarkeit« erfasst, um unter Zugrundelegung der Hypothese eines Zinsanstiegs die Finanzstabilität dieser Unternehmen zu ermitteln. Auch hier sind die Analysen der Banca d'Italia von einer besonders diplomatischen Sprache geprägt. Ihre perspektivischen Erwartungen stimmen den Leser hoffnungsfroh.[13] So verkündet die italienische Notenbank mit großem Stolz, dass Mitte März 2018 die Rating-Agenturen Moody's und Fitch die bisherige Notation der italienischen Staatsanleihen bestätigt haben. Voller Genugtuung stellt die Banca d'Italia fest, dass sich das Länderrisiko Italien im Verhältnis zu Spanien und Portugal verringert habe. Dies komme im *Spread* der Credit Default Swaps zwischen Deutschland und Italien hinreichend zum Ausdruck.[14]

Ausweislich des Finanzstabilitätsberichts der Banca d'Italia für 2017 ist das systemische Risiko der italienischen Kreditwirtschaft dabei zu sinken. So die Behauptung, die sich wortwörtlich in dieser Form im besagten Bericht findet und den geschulten Leser mit ungläubi-

---

11 Ebd.
12 Ebd., S. 15.
13 Vgl. ebd., S. 18.
14 Ebd., S. 22.

gem Staunen erfüllt.[15] Die Banca d'Italia verweist zur Begründung sowohl auf externe Faktoren, wie die angeblich gestiegenen Aktienpreise für italienische Banken, als auch auf den erfolgreichen Verkauf von ausfallgefährdeten Krediten in Höhe von 26,5 Milliarden Euro in der zweiten Jahreshälfte 2017. Ebenso verweist die Banca d'Italia auf den Verkauf eines Portfolios ausfallgefährdeter Kredite durch Unicredit, ohne allerdings den Gesamtbetrag zu nennen.[16] Eine bunte Grafik behauptet das Sinken des Volumens von Engagements der italienischen Kreditwirtschaft in Schuldtiteln des öffentlichen Sektors.[17] Auch der Hinweis darauf, dass die Refinanzierung der italienischen Banken über die internationalen Anleihemärkte sehr bescheiden sei, soll als ein Indiz dafür zu werten sein, dass die italienische Kreditwirtschaft von internationalen Anlegern wenig abhängig sei.[18] Ferner räumt die Banca d'Italia ein, dass das Volumen notenbankfähiger Sicherheiten in den Bilanzen italienischer Banken zwar gesunken sei, aber immer noch ein relativ hohes Niveau habe.[19]

Kurzum: Die Lektüre des Finanzstabilitätsberichts der Banca d'Italia stimmt den Leser optimistisch. Er fragt sich hiernach umso neugieriger, warum Italien so sehr – vermittelt über seine unterschiedlichen Lobbykanäle – eine Vergemeinschaftung der Einlagensicherung auf europäischer Ebene verlangt und die Letztsicherung für den Bankenabwicklungsfonds von Seiten des Europäischen Stabilisierungsmechanismus (ESM)[20] schon in seine Planung einbezogen hat. Die amtliche Schönfärberei hat einen Grund. Die Banca d'Italia ist sowohl Zentralbank als auch Bankenaufsicht. Das Zugeständnis einer

---

15 Vgl. Finanzstabilitätsbericht Banca d'Italia für 2017, erschienen April 2018, S. 24 f.
16 Ebd., S. 28.
17 Vgl. ebd., Grafik 2.12.
18 Vgl. ebd., S. 30. Immerhin beträgt das Volumen in den letzten drei Jahren 65 Milliarden Euro für maßgebliche Banken und 15 Milliarden Euro für weniger maßgebliche Banken.
19 Vgl. Banca d'Italia Finanzstabilitätsbericht 2017, April 2018, S. 32.
20 Vgl. Anlage 1

Problemlage in der italienischen Kreditwirtschaft käme einem Armutszeugnis gleich und wäre eine wohlfeile Anklageschrift gegen den gegenwärtigen EZB-Chef Draghi und ehemaligen Gouverneur derselben ehrwürdigen Banca d'Italia, die Geldpolitik und Bankenaufsicht unter einem Dach vereint.

An dieser Stelle drängt sich die Frage auf, wieso es der Banca d'Italia weiterhin gestattet ist, in ihrem Kapital nahezu die gesamte italienische Finanzwirtschaft versammelt zu haben. Insgesamt zählt man 120 Banken und Versicherungen Italiens, die sich im Gesellschafterkreis der Banca d'Italia ein trautes Stelldichein geben.[21] Natürlich sind die Großbanken wie Intesa Sanpaolo und Unicredit besonders gewichtig vertreten. Aber auch die Skandalbank Monte dei Paschi di Siena sowie die Pleitebank Veneto Banca sind mit von der Partie. Wie soll die Banca d'Italia mit objektiver Autorität und fachlicher Strenge Kreditinstitute beaufsichtigen, die ihr maßgeblicher Aktionär sind? Die Beaufsichtigung der eigenen Aktionäre wirft Interessenkonflikte auf, die nicht zu bewältigen sind. Bei der Schaffung des Eurosystems wurde peinlich genau darauf geachtet, dass die nationalen Zentralbanken von der Regierung unabhängig blieben. In Frankreich wurde hierfür sogar die Verfassung geändert. Wie kommt es, dass man die sonderbaren Verhältnisse in der Banca d'Italia nicht unter die Lupe genommen hat? Spätestens mit der Schaffung der Europäischen Bankenunion hätte der institutionelle Inzest im italienischen Bankaufsichtswesen auffallen müssen. Aber auch nach Entdeckung der italienischen Bankenkrise rührte sich niemand in Brüssel, der den Fall der Banca d'Italia problematisierte. So viel Schweigen angesichts einer so krassen institutionellen Schieflage dürfte wohl politische Gründe haben. Wieso hat Herr Weidmann diese Schieflage nicht öffentlich problematisiert?

---

21 https://www.bancaditalia.it/chi-siamo/funzioni-governance/partecipanti-capitale/Partecipanti.pdf

Institutionell bedauerlich ist indessen, dass auch die Europäische Zentralbank sich nicht wirklich darum bemüht – obschon Bankenaufsicht –, in die Bilanzen der italienischen Banken wirklich mit der notwendigen Objektivität hineinzuschauen. Die Übertragung der Aufsichtsfunktion auf die Europäische Zentralbank wurde 2014 damit gerechtfertigt, die (nationale) Voreingenommenheit der nationalen Bankenaufsichten zu überwinden. Indessen veröffentlicht die EZB als Bankenaufsicht fast nur aggregierte Zahlen. Das heißt, es wird die Kreditwirtschaft für das gesamte Eurogebiet betrachtet. Dass darin so unterschiedliche Bankensysteme wie das von den Niederlanden und das von Zypern zahlenmäßig zusammengerechnet werden, trübt nicht nur den Blick auf die Realität, sondern verzerrt auch dieselbe. Selten sind Aufstellungen nach Ländern, und die wenigen Aufstellungen nach Ländern lassen den Leser ratlos hinsichtlich der Ableitung der entsprechenden Daten.[22]

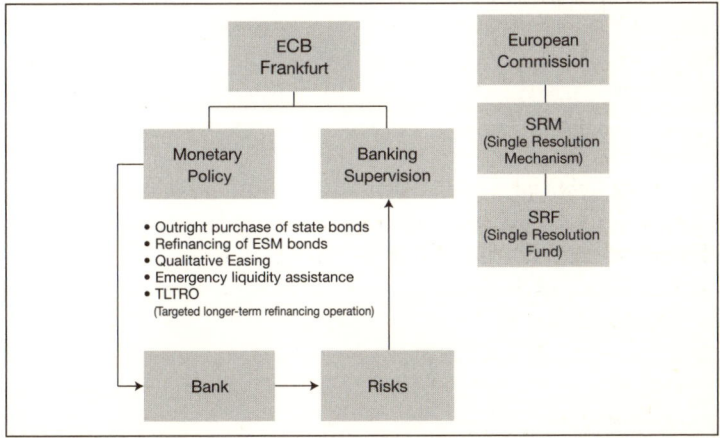

Vgl. hierzu Anlage 1. *Quelle: Europolis e. V.*

---

22 Vgl. Supervisory Banking Statistics ECB, 4. Quartalsbericht 2016.

Zahlen sind hartnäckig. Gleichzeitig sind sie Merkposten für Unterlassungen in der Vergangenheit. So kommt es, dass Draghis Unterlassungen in der italienischen Bankenaufsicht ihn heute mehr denn je anklagen. Dies wird durch so nüchterne Zahlen bewiesen wie das Absenken der harten Kernkapitalquote (CET-1) der italienischen Kreditinstitute um 0,6 Prozent-Punkte. Selbst die US-Investmentbank Goldman Sachs muss in einer Studie[23] einräumen, dass abgesehen von den Großbanken Intesa Sanpaolo und Unicredit die mittleren Banken bedrohlicherweise von Eigenkapitalnot betroffen seien.[24] Zuvor verkündet die Banca d'Italia in ihrem Stabilitätsbericht am 24. November 2017, dass der Bestand an notleidenden Forderungen in den italienischen Bankenbilanzen zurückgehe.[25]

In ihrem Finanzstabilitätsbericht Nr. 2 aus dem Jahre 2017 gab die Banca d'Italia sogar ihrem Optimismus hinsichtlich der Entwicklung des italienischen Bankensektors Ausdruck.[26] Auf der Basis eines Kreditbewertungssystems, das insgesamt 290 verschuldete Gesellschaften mit stabilen Kreditsituationen einbezog, sei die Ausfallquote von 2,5 Prozent in 2013 auf 1 Prozent im Juli 2017 gefallen. Insgesamt sei im Übrigen die Anzahl der notleidenden Kredite zurückgegangen.

Auch die Marktintervention der italienischen Regierung zugunsten der Banca Monte dei Paschi habe zu einer Stabilisierung der Situation geführt. Vorteilhaft sei, dass die Europäische Kommission die vorsorgliche Rekapitalisierung der Banca Monte dei Paschi di Siena befürwortet habe.[27]

---

23 European Politics: Italy Update Mai 2018.
24 Vgl. hierzu im Einzelnen unter Kapitel 2, Seite 26 ff.
25 Financial Stability Report Nr. 2 2017, verfügbar über https://www.bancaditalia.it/pubblicazi-oni/rapporto-stabilita/2017-2/index.html
26 Vgl. Banca d'Italia Financial Stability Report Nr. 2 2017, S. 15 f.
27 Ebd., S. 22.

Die Einschätzungen der italienischen Bankenaufsicht hinsichtlich der Entwicklung der notleidenden Forderungen in dem von ihr beaufsichtigten Gewerbe dürften mit Vorsicht zu genießen sein. Zwar ist es richtig, dass auch aus anderen Quellen insgesamt ein leichter Rückgang des Aggregats notleidender Forderungen verzeichnet werden kann. So dürfte zumindest die permanent aktualisierte Studie von PWC Italia zu interpretieren sein.[28] Sie behauptet, dass das Volumen problematischer Forderungen von 2015 bis 2017 insgesamt von 341 Milliarden auf 324 (2016), auf nunmehr 300 Milliarden Euro zurückgegangen sei.[29]

Selbst wenn diese Einschätzung zuträfe, ist schwer ersichtlich, wie sich das italienische Bankgewerbe aus eigener Kraft ohne einen nachhaltig tragenden Wirtschaftsaufschwung aus dieser Schieflage befreien will. Immerhin beträgt der Anteil problematischer Kreditforderungen noch circa 13 Prozent der gesamten Ausleihungen. Die hierfür erforderlichen Rückstellungen sind beileibe nicht vorgenommen worden, obwohl die EZB in ihrer Funktion als Bankenaufsicht auf einer entsprechenden Risikorückstellung in den Bilanzen der italienischen Banken insistiert hatte.

Doch wie gut der Draht zwischen Rom und Frankfurt ist, zeigte sich spätestens zu diesem Zeitpunkt: Kaum hatte Draghis EZB eine realistische Bewertung der Bankrisiken in Italien angemahnt, da kam auch schon Widerspruch aus dem italienischen Finanzministerium. Dieser Widerspruch hat damit zu tun, dass die Kapitalpuffer in den Bilanzen der italienischen Banken nicht ausreichen, um entsprechende Risikorückstellungen für notleidende Forderungen zu bilden. Die Folge einer entsprechenden Risikopolitik wäre gewesen, dass die Banca d'Italia als Aufsichtsorgan und die EZB als zentrale europäische Ban-

---

28 Vgl. PWC Italia NPL.
29 Ebd. vgl. S. 14: The Italian NPL market ready for the breakthrough.

kenaufsicht bei vielen italienischen Banken die Frage hätte aufwerfen müssen, ob dieselben die für die Ausübung des Bankgewerbes erforderlichen Eigenkapitalquoten weiterhin erfüllen. Die Folgen einer negativen Antwort wären traurigerweise absehbar gewesen: Da für den Fall, dass ein Kreditinstitut ausfällt oder wahrscheinlich ausfällt, eine Abwicklung desselben oder zumindest eine Unterstellung ggf. unter den europäischen Abwicklungsmechanismus in Brüssel vorgesehen ist, würde der italienische Finanzminister nicht nur eine Menge politische Probleme bekommen, sondern auch seine willigsten Helfer bei der Refinanzierung des italienischen Schuldenbergs verlieren: die italienischen Banken. Daher pampern Banca d'Italia und italienisches Finanzministerium die italienischen Großbanken mit allergrößter Sorgfalt und sehen sich als eine Lobby ihrer und damit mittelbar der eigenen Interessen an.

Im Übrigen stammen die bisherigen Kreditdaten noch aus einer Zeit der methodischen Risikoveranlagung, die im wahrsten Sinne des Wortes als anachronistisch angesehen werden muss. Als notleidend wurden Forderungen erst eingestuft, wenn Verluste sichtbar wurden. Dies hat sich bereits in der Krise 2007/2008 als ein unzutreffender Ansatz der Risikobetrachtung herausgestellt. Daher wird nunmehr zu einer Einschätzung der *erwarteten* Verluste übergegangen. Dies zwingt die Banken zu einer Risikoabschätzung ex ante und zu einer permanenten Fortschreibung des Risikoprofils ihrer Forderungen. Eigentlich gehört dies zum Kern des Bankmetiers. Kein Bankkaufmann dürfte in seinem Gewerbe tätig werden, ohne die laufenden Forderungsrisiken ständig zu aktualisieren. Indessen ticken in Italien die Uhren anders: Italienische Regierung/Finanzministerium, Banca d'Italia und Draghis EZB setzen alles daran, das Ausmaß des italienischen Klumpenrisikos gegenüber den europäischen Partnern zu verschweigen.

Dabei hilft ihnen u. a. das Europäische Parlament. In einem Brie-
fing vom 15.3.2017[30] bemüht sich die Stabsstelle »Economic Gover-
nance Support Unit«, das Problem notleidender Kreditforderung in einen EU-weiten Kontext zu stellen. Es wird darauf verwiesen, dass der
prozentuale Anteil notleidender Forderungen am gesamten Kredit-
volumen in Griechenland (46,6 Prozent) und Zypern (40,6 Prozent)
sehr viel höher liege als in Italien, wo nach Ermittlung der besagten
Stabsstelle 11,8 Prozent der Kreditforderungen notleidend seien. Aufschlussreich an der Aufstellung, die sich auf Daten der Europäischen
Bankenaufsichtsbehörde (EBA) stützt, ist in der Tat, dass neben Itali-
en auch in Irland (11,4 Prozent), Portugal (16,7 Prozent) und Slowe-
nien (12,6 Prozent) sowie Bulgarien (11,7 Prozent) hohe Anteile der
Kredite notleidend seien. Dabei wird allerdings übersehen, dass Itali-
en wegen des absoluten Volumens notleidender Kreditforderungen ein
besonders bedrohliches Problem darstellt. Italien ist die drittgrößte
Volkswirtschaft der EU, deren Staatswesen den Verlust von mehreren
Hundert Milliarden Kreditforderungen nicht aufzufangen in der Lage
ist. Weder reichen die Kapitalpuffer der Banken noch ist die zusätzliche
Verschuldungskapazität Italiens in der Lage, die notwendigen Fremd-
mittel für eine Rekapitalisierung der Banken aufzubringen.

Im Übrigen sind die von der EBA gelieferten und vom Europäischen
Parlament aufbereiteten Zahlen mit Vorsicht zu genießen. Die Einord-
nung einer Kreditforderung als notleidend ist kein naturwissenschaft-
licher Messvorgang. Eine solche Beurteilung ist nur dann eindeutig,
wenn der Schuldner seine Zahlungsunfähigkeit durch Konkurs belegt hat. Ob dann die Gesamtforderung für die Bank verloren ist,
hängt von der Qualität und der Verwertung der Sicherheiten ab. Das
kann – gerade in Italien – Jahre dauern. Ferner können Forderungen,
die 2017 noch bedient wurden, 2018 bereits in Rückzahlungsver-

---

30 Verfasser: M. Magnus, EP Directorate-General for Internal Policies Az. PE 614.491.

zug geraten sein. Wann dann genau von einer »notleidenden Forderung« gesprochen wird, ist Gegenstand definitorischer Kontroversen. Ebenso gut ist möglich, dass sich Schuldner im Verzug nach einem gewissen Zeitraum erholen und durch gutes Management der Bank die Forderung wieder bedienen. Das Bild notleidender Forderungen ist also kein statisches, sondern unterliegt erheblicher Dynamik und noch größerer Ungewissheit. Es wäre ein Akt der Anmaßung, die vom Europäischen Parlament aufbereiteten Zahlen der EBA für bare Münze zu halten, zumal unklar bleibt, wie belastbar bzw. wie valide das Datenmaterial der EBA ist. Sollte es also zu einer politischen Diskussion über die »Bereinigung der italienischen Bankenkrise« kommen, wären alle Parteien – besonders die vermeintlichen Geberländer – gut beraten, bei den italienischen Banken unmittelbar in die Bücher zu schauen, um sich ein realistisches Bild zu machen.

Seit geraumer Zeit produzieren die versierten Ökonomen der Banca d'Italia immer neue »Forschungsbeiträge«, um den Konnex zwischen Rezession und italienischer Bankenkrise zu belegen und um zu beweisen, dass Italien nur dann wieder auf einen Wachstumspfad zurückfinden werde, wenn das Problem der notleidenden Forderungen ein für alle Mal gelöst werde.[31] Diese Kombination aus Relativierung der italienischen Gefahrenlage und Schuldzuweisungen an Dritte ist Methode.

Auch der Gouverneur der Banca d'Italia, *Ignazio Visco*, beschönigt die Situation. Auf der Jahreshauptversammlung des Italienischen Bankenverbandes führte er am 10.07.2018 aus,[32] dass nur noch ein Volumen von 110 Milliarden Euro Krediten notleidend sei, wäh-

---

31 Marcello Bofondi/Tiziano Ropele, Macroeconomic Determants of Bad Loans: Evidence from Italian Banks, Banca d'Italia, Occasional Papers (März 2011).

32 Ignazio Visco, Speech by the Governor of the Bank of Italy, Italian Banking Association Annual Meeting, Rome, 10.07.2018.

rend dies Ende 2015 noch 200 Milliarden Euro gewesen seien. Demnach würden nur noch 5,3 Prozent der italienischen Bankkredite gefährdet sein. Diese Behauptung ist unvereinbar mit den Erhebungen der EBA und den Auswertungen des Europäischen Parlaments. Es ist nicht verwunderlich, dass Visco die Datengrundlagen für seine Schönwetter-Prognose den Zuhörern verschweigt.

Hinzu kommt, dass die italienische Regierung aus Paris große politische Unterstützung erfährt. Nicht ohne Grund. Denn nach Berechnungen der Bank für Internationalen Zahlungsausgleich (BIZ) hat allein die italienische Tochtergesellschaft der französischen Großbank BNP Paribas, die Banca Nazionale del Lavoro, großvolumige Italienrisiken. Dieselben beziffert sie in ihrem Geschäftsbericht von 2017 mit 154,3 Milliarden Euro, davon 17 Milliarden Euro gegenüber der öffentlichen Hand. Auch andere französische Großbanken sind in Italien erheblich engagiert, so dass allein aufgrund dieser Risikoexponiertheit laut BIZ in Höhe von 311 Milliarden Euro ein massives Engagement der französischen Politik zugunsten einer Bankenrettung Italiens sehr wahrscheinlich wird.

In der 18 rue La Fayette inmitten des Pariser Bankenviertels domiziliert der französische Bankenverband. Im Unterschied zu dem Konglomerat von Interessenverbänden der deutschen Kreditwirtschaft bestehend aus Sparkassen, Genossenschaftsbanken, Förderbanken und dem (Privat-) Bankenverband, ist hier alles straff organisiert. Der Zentralstaat lässt grüßen. Daher ist es nicht verwunderlich, dass an der Spitze des Verbandes einer der Vorstandsvorsitzenden der französischen Großbanken steht, während das Day-to-day-Management von ehemaligen Mitgliedern der französischen Ministerial-Kabinette versehen wird.

Seit Ausbruch der Italien-Krise ist die Stimmung im französischen Bankenverband angespannt. Trotz heiteren Sommerwetters will keine Ferienlaune aufkommen. Denn Frankreich hat in Gestalt seiner drei vorzüglich geführten Großbanken, BNP Paribas, Société Générale und Crédit Agricole, drei sorgenvolle Eigentümer von italienischen Tochterbanken.

Dem BNP Paribas gehört die Banca Nazionale del Lavoro, ein sehr großes maßgebliches Kreditinstitut in Italien. Die italienische Tochter der Société Générale heißt Fiditalia (120 Zweigstellen und 3 Milliarden ausstehende Kredite), die neben einer Verbraucherbank auch ein erhebliches Risiko darstellt. Die Crédit Agricole verfügt in Italien sogar über 914 Zweigstellen mit 8200 Mitarbeitern und 1,7 Mio. Kunden. Noch 2017 hatte die Crédit Agricole drei Sparkassen (Cesena, Rimini und San Miniato) nach langen Verhandlungen übernommen.

Angesichts dieser Risikoexponiertheit hat die französische Bankenvereinigung allen Grund, sich um die drei so exponierten Großbanken zu kümmern. Daher ist es auch nicht verwunderlich, dass sie prinzipiell das starke politische Lobbying des französischen Finanzministeriums unterstützt, den europäischen Abwicklungsfond schnell mit einer Letztsicherung aus den Finanzmitteln des ESM auszustatten. Doch geben hohe Mitarbeiter dieser, sehr diskret wirkenden, Organisation privat zu, welche Schwierigkeiten aufgrund der italienischen Schieflage noch auf Frankreich zukommen werden. Ohne eine Reform der italienischen Kreditwirtschaft an Haupt und Gliedern werde es nicht gehen. Der Fall Unicredit würde den Weg weisen: Ausländisches Management und ein neuer ausländischer Aktionär haben die Bahn für eine Radikalsanierung geebnet. Solange in Italien das Bankgeschäft aber tutto in famiglia betrieben werde, käme man auch in der Zukunft nicht zu einer risikoadäquaten Einschätzung von Krediten.

Nicht einmal Experten könnten gegenwärtig evaluieren, wie risikoreich und ausfallgefährdet der Kreditbestand in Italien sei. Jedenfalls könne man den Zahlen der Banca d'Italia nicht vollständig glauben. Sie stecke als Bankenaufsicht in einer Zwangslage. Sobald sie ein Problem auch nur punktuell analysiere, müsse sie sofort mit einer Lösung kommen, die mangels entsprechender Finanzmittel nicht zur Verfügung stehe.

Die Hand Emmanuel Macrons, von der der Zwerg Nase der deutschen Außenpolitik, Heiko Maas, behauptet, sie sei Deutschland gegenüber ausgestreckt, ist also alles andere als eine gebende, sondern eine nehmende Hand. Sie zielt, wie alle französische Politik, auf den Schutz französischer Interessen.[33] Dass hierfür der europäische Diskurs in Anspruch genommen wird, belegt die politische Geschicklichkeit Frankreichs. Wenn hingegen der deutsche Außenminister die Feindseligkeit dieser Intention nicht wahrnehmen will, lässt dies einmal mehr an der Professionalität der politischen Klasse Deutschlands zweifeln.

---

33 Vgl. hierzu Markus C. Kerber, »Von Führung besessen«, Interview in Junge Freiheit vom 13.7.2018, S. 3.

3. KAPITEL:

DIE CAMOUFLAGE DER ITALIENISCHEN KRISE DURCH EUROPÄISCHE KOMMISSION UND ITALIENISCHE REGIERUNG: DER PATE DRAGHI LÄSST GRÜSSEN UND BEERDIGT DIE BANKENUNION

Kaum war die große Finanzkrise einigermaßen überstanden, erfand die EU-Kommission ein neues Integrationsprojekt: die Bankenunion.

Seit 2010 drängen Kommission und EZB angesichts der seit 2007/2008 offensichtlichen Verwundbarkeit des Bankensystems und seiner lawinenartigen Bedrohung für die EWU sowie der fiskalischen Grenzen einer erneuten Rekapitalisierung der Kreditinstitute durch die Staatshaushalte auf eine einheitliche, verbesserte Bankenaufsicht sowie einen einheitlichen Abwicklungsmechanismus.[34] Für die Ansiedelung der Bankenaufsicht bei der EZB in Gestalt des SSM fand sich keine bessere Ermächtigungsgrundlage als Art. 127 VI AE-UV, wonach durch einstimmigen Ratsbeschluss »der EZB *besondere Aufgaben* im Zusammenhang mit der Bankenaufsicht« übertragen werden können. Die faktische Totalübertragung der gesamten Aufsicht von potenziell allen Banken des Euro-Blocks auf die EZB ist

---

34 Vgl. spätestens die Mitteilung der Kommission an das EP und den Rat vom 12.9.2012 »Fahrplan für die Bankenunion« COM (2012) 510 final.

von der Bundesbank zutreffend als solche gewürdigt worden.[35] Diese Würdigung der Bankenunion als Transfer der Gesamtaufsicht ist von der Bundesbank allerdings mit dem bedauernden Hinweis verbunden worden, dass die Schaffung einer von der für Geldpolitik zuständigen EZB unabhängigen Behörde durch Ergänzung des AEUV vorzuziehen gewesen wäre. Dies solle de lege ferenda nachgeholt werden.

Das Zustimmungsgesetz des Bundestages zur SSM-Verordnung, wovon die Bundesregierung meint, es sei ohnehin überflüssig gewesen, ist angesichts der evidenten Überschreitung der Ermächtigungsnorm des Art. 127 VI AEUV durch den Europäischen Verordnungsgeber ein besonders krasser Fall der politischen Weigerung des Bundestages, von seiner Obliegenheit der Integrationsverantwortung Gebrauch zu machen. In der dazu seit Juli 2014 anhängigen Verfassungsbeschwerde heißt es:

>*»Mit ihrer rechtlichen Kritik am streitgegenständlichen Gesetz des Deutschen Bundestages tragen die Verfassungsbeschwerdeführer vor, dass das deutsche Parlament und die Bundesregierung unzureichend von ihrer Integrationsverantwortung Gebrauch gemacht haben. Anstatt entsprechend jener Handlungsmöglichkeiten, die beispielhaft im OMT-Urteil des Bundesverfassungsgerichts aufgezählt worden sind, und im Rahmen seiner parlamentarischen Untersuchungsmöglichkeiten zu fragen bzw. zu klären, ob die SSM-Verordnung tatsächlich von der Reichweite der Ermächtigung des Art. 127 Abs. 6 AEUV gedeckt ist, hat sich der Bundestag damit begnügt – ausweislich der Ausführungen im Gesetzesentwurf zur Notwendigkeit eines Gesetzes gem. Art. 23 Abs. 1 S. 2 GG –, eine formale Pflicht-*

---

35 Bundesbank, Fortschritte bei der Bankenunion, Geschäftsbericht 2013, S. 23 f.

·übung zu vollziehen und dem Umstand vorzubeugen, dass – aus
welchen Gründen auch immer – eine Zustimmungspflicht des
deutschen Parlaments als notwendig angesehen würde.«

Das Zustimmungsgesetz des Deutschen Bundestags ist also der *Actus contrarius* zur Integrationsverantwortung. Dies ist ein wesentlicher Ansatzpunkt der Verfassungsbeschwerde gegen die Bankenunion. Denn auch der zustimmende Beschluss des Deutschen Bundestags – mit einer 2/3-Mehrheit – wird nicht der Ausübung der Integrationsverantwortung, also der Obliegenheit des parlamentarischen Verfassungsorgans, die Grenzen der Ermächtigungsgrundlagen des AEUV zu observieren, gerecht, sondern vollzieht nur den politischen Willen der Bundesregierung nach, ihr Stimmverhalten im Europäischen Rat gem. Art. 127 Abs. 6 AEUV in puncto Bankenunion (im Nachhinein) politisch zu billigen. Diese politische Billigung durch eine qualifizierte Mehrheit des Deutschen Bundestages erfüllt indessen nicht jene vom Bundesverfassungsgericht seit dem Lissabon-Urteil geforderte Obliegenheit der Integrationsverantwortung, unabhängig und frei von Weisungen normativ zu prüfen, ob die vorgenannten Verordnungen ihre vorgegebene Ermächtigungsgrundlage des Art. 127 Abs. 6 AEUV überschreiten und hiergegen ggf. mit allen zu Gebote stehenden Mitteln rechtlich anzugehen. Keine auch noch so große Mehrheit des Deutschen Bundestages – nicht einmal ein einstimmiger Beschluss des deutschen Parlaments – ist geeignet, denselben von dieser Obliegenheit zu dispensieren. Jedenfalls gilt dies für den Fall eines *Ultra-vires*-Aktes in flagranti, wie er hier vorliegt. Entgegen der Begründung der Erforderlichkeit eines Gesetzes im Sinne von Art. 23 Abs. 1 S. 2 GG hat der Deutsche Bundestag durch zustimmenden Beschluss dieses Gesetzes seine Integrationsverantwortung nicht wahrgenommen.

Die parlamentarische Debatte zur Befassung des Deutschen Bundestages mit dem von den Regierungsfraktionen von CDU/CSU und

FDP eingebrachten Zustimmungsgesetz zur Bankenunion belegt den
Unwillen der Mehrheitsfraktionen des Deutschen Bundestages und
der sie tragenden parlamentarischen Gruppen, sich mit der Banken-
union-Verordnung (SSM) und der Abwicklungsverordnung (SRM)
überhaupt näher auseinanderzusetzen, geschweige denn den *Ultra-
vires*-Charakter der Verordnungen zu problematisieren. Hätte es
nicht in der 246. Sitzung des Deutschen Bundestages am 13.6.2013
einen Entschließungsantrag der SPD gegeben (der im Übrigen mit
311 von 538 abgegebenen Stimmen abgelehnt worden ist), so wäre
es wahrscheinlich zu gar keiner Befassung mit der Übertragung von
Hoheitsbefugnissen von BaFin und Bundesbank auf die EZB gekommen. In einer 45-minütigen Aussprache trägt der Sprecher der CDU/
CSU-Fraktion, MdB Eduard Oswald, im Wesentlichen nur vor, dass
es sich um ein bedeutendes Thema handele, und erläutert mit einem
Satz seinen Anspruch, die Integrationsverantwortung wahrzunehmen:

> *»Wir nehmen als deutscher Gesetzgeber unsere Integrationsver-
> antwortung wahr und bereiten den Weg für eine Zustimmung
> der Bundesregierung zur Übertragung besonderer Aufgaben
> der Bankenaufsicht auf die Europäische Zentralbank.«*

Abgesehen von diesem nicht näher erläuterten Postulat, die Integrationsverantwortung wahrzunehmen, sind die Ausführungen des Ver-
treters der CDU/CSU-Fraktion eine Hommage an seine Kollegen
und an die Qualität der Arbeit im Finanzausschuss sowie eine Dank-
sagung für die gute interfraktionelle Zusammenarbeit in den vergan-
genen Jahren.

Aus dieser Mischung von Allgemeinplätzen, Humoresken und Dank-
sagungen die Ausübung der parlamentarischen Obliegenheit der Integrationsverantwortung zu folgern, vermag nicht zu überzeugen.

Dies wird auch aus den Ausführungen deutlich, die der Abgeordnete Zöllmer zur Begründung des Entschließungsantrags der Bundestagsfraktion der SPD vorträgt. Er legt als Vertreter einer Oppositionspartei die institutionellen Mängel des vorgelegten Verordnungsentwurfs dar, problematisiert auch die Verquickung von Bankenaufsicht und Geldpolitik, hält indessen diesen institutionellen Mangel für alternativlos, um zu verhindern, dass erneut Steuergelder in Gestalt des ESM zur Bankenrekapitalisierung genutzt werden können (wie de lege lata vorgesehen). Dies hindert ihn somit nicht daran, den vorgelegten Verordnungsentwurf als zustimmungsfähig anzusehen.

Von keinem der parlamentarischen Vertreter ist die Diskrepanz zwischen der begrenzten Ermächtigung des Art. 127 Abs. 6 AEUV (Übertragung einzelner Aufsichtsfunktionen) und der Totalübertragung der Aufsichtsrechte und Aufsichtspflichten auf die EZB gerügt oder auch nur problematisiert worden. Von einer verantwortlichen parlamentarischen Wahrnehmung der Integrationsverantwortung kann also keine Rede sein.

Die Bundestagsdebatte zur Bankenunion erlaubt immerhin eins: auf die geistesgeschichtliche Lage des deutschen Parlamentarismus zu schließen.

Zurück zum Verfassungsbeschwerdeverfahren: Die lang erwarteten schriftsätzlichen Einlassungen der Bundesregierung[36] negieren jedweden *Ultra-vires*-Akt und sind nicht einmal bereit, diese Problematik oder den schwelenden Konflikt zwischen Geldpolitik und Bankenaufsicht zu diskutieren. Ausweislich eines zustimmenden Parlamentsbeschlusses, dem keine kontroverse Beratung vorausgegangen war und der sich stattdessen auf eine 2/3-Mehrheit stützen

---

36 Sie gingen erst Mai 2016 beim BVerfG ein.

konnte, scheint sich die Bundesregierung sicher, dass das Bundesverfassungsgericht an der bereits ins Werk gesetzten Bankenunion nicht
rütteln wird. Eins steht bereits jetzt fest: Das Bundesverfassungsgericht hat sich fast anderthalb Jahre Zeit genommen, um erst dann alle
betroffenen Instanzen (BR, BT, BuBa, EZB) zur Stellungnahme auf-
zufordern.[37]

Die Achtung vor der Institution gebietet Zurückhaltung bei der Würdigung eines noch anhängigen Beschwerdeverfahrens. Indessen hat
das Zuwarten des Zweiten Senats die Reputation des Gerichts nicht
gestärkt, zumal mittlerweile nicht nur die Konturen der Bankenaufsicht erkennbar, sondern auch die Konflikte mit der Geldpolitik offenbar geworden sind. Denn beim ersten Bewährungsfall für die Bankenunion[38] – der Krise der italienischen Kreditinstitute – hat die EZB/
SSM in trauter Verbundenheit mit der Kommission/SRM beschlossen, die geschaffenen Haftungsregeln nicht anzuwenden. Ferner wurde die Beihilfenkontrolle gem. Art. 107 AEUV unter Hinweis auf das
Argument, die vom italienischen Staat eingeräumten Garantien würden von den Empfängern mit Marktpreisen bezahlt,[39] für nicht an-
wendbar erklärt. Die stete Weigerung sämtlicher italienischer Behörden, den *Bail-in*, also die Haftungserstreckung fallierender Institute
auf Gläubigerpositionen von SSM und SRM gem. Art. 43 BRRD-
Richtlinie, durchführen zu lassen, geht einher mit der massiven Re-

---

37 Vgl. Schreiben des Bundesverfassungsgerichts vom 1.2.2016.

38 An sich war die Bankenkrise in Griechenland im Sommer 2015 bereits für den SSM der erste
Bewährungsfall. Der SSM war bereits operativ tätig, weigerte sich indessen, die Insolvenz der
griechischen Banken festzustellen, weil es sich um eine Folge der Staatsfinanzkrise handele.
Der SRM war zu diesem Zeitpunkt noch nicht in Kraft; vgl. hierzu: Markus C. Kerber, Wehrt
euch, Bürger! 2. Auflage, S. 23 ff.

39 Ausweislich der Veröffentlichung der Kommission vom Dezember 2015 (Rs. Tercas Bank)
ist dies nicht nachvollziehbar: Die ökonometrische Definition der Garantiebepreisung ist
gänzlich unverständlich, zumal bei marktüblichen Garantiepreisen andere Instanzen als nur
der Staat zur Übernahme der ausfallbedrohten Kreditforderungen hätten bereit gewesen sein
müssen.

kapitalisierung der angeschlagenen Institute, darunter die drittgrößte italienische Bank *Monte dei Paschi di Siena* (MPS), durch die italienische Regierung.[40]

Man führe sich das Schauspiel vor Augen: Seit 2012 trommelt die Kommission für die Zentralisierung der Bankenaufsicht bei der EZB (SSM) und für die Konzentration der Bankenabwicklung bei einer Kommissionsagentur (SRM), während sie beim ersten Bewährungsfall, unter dem Druck der italienischen Regierung und aus Angst vor neuen Verwerfungen in der Eurozone, die Nichtanwendung der erst kürzlich in Kraft gesetzten Regeln *organisiert.* Die von der Europäischen Kommission federführend betriebene normative Entgrenzung kann wie folgt belegt werden:

➤ Gem. Art. 32 BRRD-Richtlinie hat das Single Resolution Board (SRB) als Geschäftsführer des SRM nach Anhörung der nationalen Behörde die Befugnis zur Abwicklung einer Bank, wenn dieselbe nach eigener Feststellung ausfällt oder wahrscheinlich ausfällt, der Ausfall durch alternative Maßnahmen der Privatwirtschaft nicht abgewendet werden kann und die Abwicklung im öffentlichen Interesse erforderlich ist.

➤ Für die Beantwortung der Frage nach dem wahrscheinlichen Ausfall eines Kreditinstituts gilt die Vermutung des Art. 32 IV BRRD-Richtlinie, wonach bei bestimmten Tatbeständen der Ausfall bzw. seine Wahrscheinlichkeit unwiderlegbar vermutet wird. Dazu gehört gem. Art. 32 IV d. die Unterstützung des Instituts durch öffentliche Mittel, es sei denn, diese Zuführung erfolgt gem. Art. 32 IV iii in Gestalt von Eigenmitteln oder durch Kauf von Kapitalinstrumenten (zu Preisen und Bedingungen,

---

40 Vgl. das Decreto-Legge vom 23.12.2016 n. 237 Disposizioni urgenti per la tutela del risparmio nel settore creditizio (GU n. 299 del 23-12-2016).

die das Institut nicht begünstigen) zwecks Abwehr von Gefahren für die Finanzstabilität und zur Prävention von Störungen der Volkswirtschaft. Indessen stellt Art. 32 IV S. 2 klar, dass derartige vorsorgliche Rekapitalisierungen *solventen* Instituten vorbehalten sind und keineswegs zum Ausgleich von Verlusten dienen dürfen.

➤ Die mit einer Art Notverordnung – dem *Decreto-Legge* vom 23.12.2016 – autorisierte Neuverschuldung, verbunden mit dem Kauf von Bankanleihen besagter Institute, unterstellt die Solvenz der hiervon profitierenden Institute, besonders der MPS. Letztere ist seit Jahren die Skandalbank Italiens und kaufte 2008 – unter ausdrücklicher Zustimmung der Banca d'Italia als Aufsichtsbehörde – die verlustträchtige *Banca Popolare Antonveneta* für 9 Milliarden Euro.[41] Ausweislich der zwei wesentlichen europäischen Stresstests[42] hatte die MPS stets unzureichend Eigenmittel und schnitt als am stärksten unterkapitalisierte Großbank Europas ab.[43] Der von der EZB anfänglich mit 2,2 Milliarden Euro quantifizierte Rekapitalisierungsbedarf wuchs auf 5,5 Milliarden Euro und sprang zum Ende 2016 auf fast 9 Milliarden Euro. Alle vorherigen Bemühungen, am Markt neue Aktionäre für MPS zu identifizieren, waren bis dahin fehlgeschlagen. Währenddessen verfiel der Börsenkurs für die MPS-Aktie und das Volumen ausfallgefährdeter Kredite wurde von der EZB mit 28 Milliarden Euro beziffert. Ein Gutachten der internationalen Wirtschafts-

---

41 Das von Mario Draghi als Gouverneur des Banca d'Italia unterzeichnete Autorisierungsschreiben datiert vom 17.3.2008; vgl. Markus C. Kerber, Wehrt euch, Bürger!, 2. Auflage, S. 36 ff.

42 Vgl. European Banking Authority EBA, 2016 EU-wide Stress Test »Results« 29.7.2016; siehe auch NZZ vom 3.8.2016, S. 9.

43 Neun der insgesamt 15 durchgefallenen Banken fielen unter die aufsichtsrechtliche Verantwortung der Banca d'Italia.

prüfungsgesellschaft PWC spricht von bis zu 40 Milliarden ausfallgefährdeter Kredite in den Büchern der MPS.[44]

Angesichts dieser Zahlen dürften Zweifel an der Zahlungsfähigkeit,
also der Solvenz von MPS, nicht zu beseitigen sein. Dennoch erlaubte
und förderte die EU-Kommission mit dem Rückenwind der EZB den
Rekapitalisierungsplan der italienischen Regierung, und zwar unter
Ausblendung des damit verbundenen Verstoßes gegen die Verschul-
dungsgrenzen des Art. 126 AEUV sowie unter ausdrücklicher Sus-
pendierung der Beihilferegeln des Art. 107 AEUV.[45]

In einem Schreiben an die Vorsitzende der Single Supervisory Mechanism , Danièle Nouy vom 22.5.2017 hat der Verfasser die Ursachen der Schieflage der Banca Monte dei Paschi di Siena dargestellt,
Zweifel an ihrer Solvenz belegt und – angesichts der Mitwirkung von
EZB Chef Draghi bei der Genehmigung früherer Sanierungsakquisi-
tionen[46] dessen Befangenheit problematisiert. Die Frage, warum die
Regeln der Bankenunion – also die Pflicht zur Abwicklung insolven-
ter Kreditinstitute – auf die MPS nicht angewendet wurden, hat Frau
Nouy unbeantwortet gelassen. Stattdessen antwortete die Generaldirektorin der Rechtsdienste der EZB, Chiara Zilioli, mit einem lapida-
ren Brief am 26.7.2018. Die EZB teile die vorgebrachten Bedenken
nicht und bedaure die gegenteilige Auffassung. (Zum Wortlaut des
Briefes vgl. Anlage 4)

Die Vorsitzende des SRM, Frau Dr. König, antwortet auf die Frage,
warum sie die Normen des BRRD auf italienische Banken nicht an-
wende, sie sei für die Feststellung mangelnder Solvenz und damit die

---

44 Vgl. PWC: The Italian NPL market – The NPL volcano is ready to erupt, June 2016.
45 Vgl. die Präsentation von Dr. Windisch, DG Com State Aid Policy, am 9.1.2017 an der TU
    Berlin veröffentlicht unter www.europolis-online.org.
46 Vgl. hierzu Kerber, Wehrt euch, Bürger! 2. Auflage S. 36

Beurteilung der Zulässigkeit vorsorglicher staatlicher Rekapitalisierung der MPS nicht zuständig.[47] Derweil berät der Juristische Dienst der Kommission, ob und wie die von den zuständigen Behörden beanspruchte und bislang genehmigte Ausweichnorm des Art. 32 IV BRRD-Richtlinie nicht länger zur prinzipiellen Vermeidung des *Bail-in* instrumentalisiert werden könne.

Man darf darauf gespannt sein, wie das Bundesverfassungsgericht im anhängigen Verfassungsbeschwerdeverfahren und im Lichte der anhaltenden Zurückhaltung der Bundesregierung beim ersten Stresstest für die Bankenunion die faktische Selbstabwicklung dieser Bankenunion beurteilen wird.[48]

Derweil lassen die Bemühungen von EU-Kommission und italienischer Regierung – stets im besten Einvernehmen mit EZB-Chef Draghi – nicht nach, die Bestimmungen der Bankenunion – also insbesondere die Abwicklung maroder Kreditinstitute – für Italien faktisch zu suspendieren!

So jedenfalls die Bemühungen der italienischen Regierung, für verschiedene Banken von regionaler Bedeutung, insbesondere Angehörige des Volksbankensektors (so die Banca Popolare), die in der SSM-Verordnung sowie in der SRM-Verordnung vorgesehenen Befugnisse der EZB-Bankenaufsicht und der Einheitlichen Abwicklungsbehörde (SRB) nicht zur Anwendung zu bringen. Stattdessen sollten die besagten Kreditinstitute durch Einrichtung eines nati-

---

47 So die Vorsitzende des SRB auf der Jahrespressekonferenz des SRM in Brüssel am 11.1.2017. Vgl. FAZ vom 12.1.2017, S. 16: »Keine Meinung zu Monte dei Paschi: Bankenabwicklungsbehörde verweist auf EZB und EU/König: Wir wären erst später dran.«

48 Dabei wird das BVerfG die harsche Kritik des Europäischen Rechnungshofes an der bisherigen Verwirklichung der Bankenunion nicht übersehen dürfen: Sonderbericht Nr. 29/2016 »Der Einheitliche Aufsichtsmechanismus – Guter Auftakt, doch bedarf es weiterer Verbesserungen.«

onalen Garantiefonds vor den Folgen einer aufsichtsrechtlichen Erfassung gemäß Art. 4 Abs. 1 lit. i SSM-Verordnung und Art. 8 SRM-Verordnung geschützt werden. Nach diesen Vorschriften sowie einher mit den Bestrebungen der BRRD-Richtlinie soll die Abwicklung von Kreditinstituten eingeleitet werden, wenn die hierfür zuständige Behörde zu der Feststellung gelangt, dass das Institut ausfällt oder ein solcher Ausfall zu erwarten ist. Sollte sich diese Rechtspraxis fortsetzen, stünde es den Regierungen der Mitgliedstaaten frei, Kreditinstitute, die ausfallen oder wahrscheinlich ausfallen, nicht in die aufsichtsrechtliche Obhut des SSM oder des SRM zu geben, sondern durch staatlichen Eingriff vor einem Sanierungs- und ggf. Liquidationsverfahren zu bewahren. Damit würde der gesamte Zweck der Bankenunion, die Kreditinstitute in das Herrschafts- und Haftungssystem der Marktwirtschaft zu reintegrieren, aufgegeben werden.

Folgender Sachverhalt veranschaulicht die Problemlage:

Nachdem die italienische Regierung im Jahre 2015 sich vergeblich darum bemüht hatte, eine kleinere Bank, die Banca Tercas, ohne nähere beihilferechtliche Prüfung gemäß Art. 108 Abs. 2 AEUV durch Zuschüsse aus dem italienischen Einlagensicherungssystem vor der Liquidation zu retten und ihr dies ausweislich der Entscheidung der Europäischen Kommission vom 27.2.2015[49] nicht gelungen war, unternahm die italienische Regierung, vertreten durch ihren Finanzminister, Ende Januar 2016 einen erneuten Vorstoß bei der Europäischen Kommission, um eine beihilferechtlich konforme Lösung, nicht nur für diesen Fall, sondern für das gesamte italienische Bankensystem auszuloten. Die Risiken, um die es hierbei geht, werden von unterschiedlichen Stellen unterschiedlich einge-

---

49 Vgl. Amtsblatt der Europäischen Union C 136/17 vom 24.4.2015, Staatliche Beihilfe SA.39451 (2015/C) (ex 2015/NN) – Staatliche Unterstützung für die Banca Tercas.

schätzt. Der italienische Bankenverband spricht von 80 Milliarden Euro ausfallbedrohten Kreditforderungen, während einzelne Veröffentlichungen von insgesamt 400 Milliarden Euro ausfallbedrohten Kreditforderungen im Bankensystem Italiens sprechen. Da die auch nur teilweise Wertberichtigung dieser Forderungen in den Bilanzen der italienischen Banken tendenziell zur Unterschreitung der Eigenkapitalanforderungen und damit gegebenenfalls zur Einstellung des Geschäftsbetriebs, wenn nicht sogar zur Überschuldung und Konkurseröffnung führen könnte, zielt die italienische Regierung im Einvernehmen und mit Unterstützung des italienischen Bankenverbands sowie der Beteiligung der EU-Kommission darauf ab, die ausfallbedrohten Forderungen aus der Bilanz der jeweiligen Bank zu entfernen. Dies soll durch Verkauf an ein *Special Purpose Vehicle* zum Nominalwert geschehen. Danach erfolgt eine Verbriefung der Forderung, um sie an unterschiedliche Segmente von Anlegern zu veräußern. Um die Liquidität des aufkaufenden Investmentvehikels zwecks Verbriefung der Forderungen sicherzustellen und die Zeit bis zur endgültigen Veräußerung zu überbücken, soll der italienische Staat für die Tranche weniger risikobelasteter Forderungen bzw. Wertpapiere eine Garantie zu marktüblicher Vergütung übernehmen.

Die Europäische Kommission – ausweislich der Pressemitteilung vom 10.2.2016[50] – vertritt die Auffassung, dass die von Italien vorgeschlagene staatliche Garantieübernahme für verbriefte Kredite der einzeln verwalteten privaten Verbriefungsinstrumente keine staatliche Beihilfe im Sinne der EU-Beihilfevorschriften darstellt. Denn der italienische Staat trete dabei wie ein privater Marktteilnehmer auf und ihm werde das übernommene Risiko in einer für einen privaten Ka-

---

50 Vgl. Europäische Kommission, Pressemitteilung vom 10. Februar 2016, Staatliche Beihilfen: Kommission gibt grünes Licht für Maßnahmen zur Entlastung ungarischer und italienischer Banken von wertgeminderten Vermögenswerten.

pitalgeber annehmbaren Weise vergütet. Diese Vorgehensweise solle durch folgende Vorkehrungen gewährleistet werden:

➤ Der Staat trägt ein begrenztes Risiko, da er lediglich die Garantie für die Senior-Tranche (vorrangige, mit geringem Risiko behaftete Notes) übernimmt. Eine von der EZB gebilligte, unabhängige Ratingagentur soll dabei sicherstellen, dass die Senior-Notes der Kategorie »Investment Grade« entsprechen.

➤ Die Risikoverteilung der Tranchen und die Struktur der Verbriefungsinstrumente sollen zudem durch den Markt getestet und gebilligt werden, bevor der Staat die Risiken übernimmt. Letzteres geschieht erst dann, nachdem mindestens die Hälfte der nicht mit einer Garantie ausgestatteten und risikobehafteten Junior-Tranche erfolgreich an private Teilnehmer veräußert wurde.

➤ Der Staat erhält eine marktübliche Vergütung für die Übernahme des Risikos.

Ob diese beihilferechtliche Würdigung der Europäischen Kommission einer rechtlichen Überprüfung standhält, dürfte zweifelhaft sein. Zu deutlich tritt hier der politische Wille, Vorschriften der Bankenunion nicht anzuwenden, zu Tage. Auch nach der Veröffentlichung des notifizierten Ersuchens der italienischen Regierung sowie dessen Bewilligung durch die Kommission und nach dem Erlass der Durchführungsdekrete lässt sich die Frage nicht eindeutig beurteilen. Die Argumentation der Europäischen Kommission dürfte deshalb zweifelhaft erscheinen, weil für die Übernahme von geringeren Kreditrisiken durch staatliche Instanzen dann überhaupt gar kein Bedarf bestehen kann, wenn bereits mehr als die Hälfte der mit größeren Risiken behafteten Tranche veräußert werden konnte und zudem eine rein marktübliche Vergütung für die Garantieübernahme vorgesehen ist.

Doch unabhängig von dem Ergebnis einer solchen Überprüfung darf schon jetzt mit Erstaunen festgestellt werden, dass

➤ die Europäische Kommission der Regierung eines Mitgliedslandes aktiv dabei hilft, ihre Maßnahmen einer Kontrolle der EU-Beihilfevorschriften zu entziehen und die Anwendung der in der Bankenunion vorgesehenen Mechanismen auf Tatbestände der fallierenden oder wahrscheinlich fallierenden Kreditinstitute zu umgehen. Damit stellt sie den Zweck der Bankenunion insgesamt in Frage;

➤ die für die Beaufsichtigung und Abwicklung von Banken zuständigen Institutionen der Bankenunion, also die EZB-Bankenaufsicht und die SRM-Abwicklungsbehörde, die Feststellung über den Ausfall oder den wahrscheinlichen Ausfall eines Kreditinstituts offenbar nicht als ihre Pflicht, sondern als eine diskretionär zu handhabende Option ansehen.

Dies gilt für den SSM und seine Vorsitzende Nouy, seitdem sich diese öffentlich weigerte, die offensichtlich insolventen griechischen Banken zum Gegenstand einer Feststellung gemäß Art. 4 Abs. 1 lit. i der SSM-Verordnung zu machen.[51] Beim SRM erhebt die Exekutivdirektorin des SRB, Frau Dr. König, den Anspruch, die Feststellung des Ausfalls oder wahrscheinlichen Ausfalls eines Kreditinstituts als eine Verpflichtung ihrer Agentur anzusehen. Indessen hat auch sie trotz der flagranten Umgehung der vorgesehenen Abwicklungsmechanismen durch die italienische Regierung in Kollusion mit der Europäischen Kommission keine Anstrengung unternommen, ihre Befugnisse gegenüber den betroffenen italienischen Banken in Anwendung zu bringen.

---

51 Vgl. hierzu Markus C. Kerber, Wehrt euch, Bürger!, 2. Auflage, S. 21 ff.

In einem Schriftsatz des Prozessbevollmächtigten im Verfassungsbe-schwerdeverfahren gegen die Bankenunion vom 16.7.2016 heißt es:

> *»Es handelt sich bei der von der italienischen Regierung in Kol-lusion mit der Europäischen Kommission betriebenen Ban-kenrettung nicht um irgendwelche subalternen Einzelfälle. Kommission und italienische Regierung testen an diesen Regio-nalbanken die Möglichkeit einer Kreditinstitut-Konservierung unter Umgehung des gesamten normativen Apparats der Ban-kenunion, weil – abgesehen von dem Sonderfall der Großbank Monte dei Paschi di Siena – das Wertberichtigungsvolumen an ausfallbedrohten Forderungen im italienischen Bankensystem nicht nur die Ausleihungsbereitschaft der italienischen Ban-ken – trotz der akkommodierenden Geldpolitik der EZB unter Herrn Draghi – nachhaltig limitiert, sondern auch unter An-wendung von SSM und SRM eine Lawine von Bankenzusam-menbrüchen entstehen könnte, die zwar unter Anwendung der einschlägigen Normen von SSM und SRM gewürdigt werden könnten, aber für die im Single Resolution Fund bei weitem nicht hinreichend Mittel für eine Überbrückungs- oder Liqui-dationsfinanzierung zur Verfügung stehen.«*

Das Lobbying der Banca d'Italia und des italienischen Finanzministe-riums über ihren Landsmann Draghi ist zwischenzeitlich nicht ohne Wirkung gewesen. Während noch am 20. März 2017 die EZB Leitli-nien für ausfallgefährdete Bankkredite verabschiedete, die darauf ab-zielten, sämtliche notleidenden Kredite zu identifizieren und entspre-chend der Rechnungslegung abzuschreiben, wenn sie uneinbringlich waren, erging im März 2018 ein Addendum zu diesen Richtlinien. In diesem »Weichspüler« wird zwar grundsätzlich am Ziel der Wertbe-richtigung uneinbringlicher, ausfallgefährdeter Kredite festgehalten. Wortwörtlich heißt es aber:

>>*Die Banken werden ermutigt, die Lücke zwischen den vorsich-*
tigen Erwartungen über die Risikoentwicklung und dem Maxi-
mum an notwendigen Rückstellungen, die von der Rechnungs-
legung vorgesehen ist, zu schließen.<<

Indessen werden als Ergebnis des >>Aufsichtsdialogs<< zwischen EZB und
Banken weitgehende Ausnahmebestimmungen zugelassen. So heißt es
an der entscheidenden Stelle:[52] >>falls sich Divergenzen zwischen dem re-
gulatorischen Abschreibungsbedarf und dem vorhandenen Eigenkapital
ergeben<<, werde die EZB die spezifischen Umstände, die den Abschreibungsbedarf ggf. unangemessen erscheinen lassen, betrachten. Derartige
Umstände beträfen eine Situation, in der ein Schuldner noch (überprüf-
bare) regelmäßige Rückzahlungsleistungen erbringe, die einen signifi-
kanten Teil der kontrahierten Kreditsumme ausmachten und hiermit
die Hoffnung verbunden sei, dass das Ausfallrisiko noch geheilt werden
könne. Ferner verspricht die EZB, dass sie die Differenz zwischen ihren
bankaufsichtsrechtlichen Erwartungen und der Wertberichtigungs- sowie Rückstellungspolitik der jeweiligen einzelnen Bank begutachten werde. Ferner wird zugesagt, dass die EZB für den Fall einer unzureichenden
Berücksichtigung der Risikorückstellungen bei den Kreditrisiken der jeweiligen Bank eine Aufsichtsmaßnahme nach Säule 2 des Baseler Rah-
menwerkes vornehmen werde.

Dieses Bankaufsichtschinesisch lässt alles im Unklaren. Übersetzt
man die diplomatischen Wendungen der EZB-Leitlinien in Klar-
text, bedeutet dies: Ist der Abschreibungsbedarf so groß, dass das
Eigenkapital gefährdet würde, setzt sich die EZB als Bankenaufsicht
wohlwollend mit der Abschreibungspolitik der jeweiligen Bank ins
Benehmen. Damit ist der Verwässerung der eigenen Abschreibungs-
regelungen Tür und Tor geöffnet.

---

52 European Central Bank, Addendum to the ECB Guidance to Banks on non-performing loans: Supervisory expectations for prudential provisioning of non-performing exposures, S. 7.

4. KAPITEL:

DIE FOLGEN DER ITALIENISCHEN
KRISE FÜR DRAGHIS EZB-POLITIK:
NULLZINS AUF DAUER UND
FORTFÜHRUNG DER ANLEIHENKÄUFE

Vom Sachverständigenrat wurde in seinem Jahresgutachten 2016/2017 die Zinspolitik der EZB scharf kritisiert.[53] Hierin wird – zum Teil unter Aufarbeitung der gesamten wirtschaftswissenschaftlichen Literatur[54] – begründet, warum nach keiner ernst zu nehmenden wissenschaftlichen Meinung angesichts des breiten Aufschwungs in der Eurozone die Nullzinspolitik weiterhin berechtigt ist. Ob man zur Darlegung dieses Postulats so viel wirtschaftswissenschaftliche Literatur bemühen muss, wie das der Sachverständigenrat tut, mag dahingestellt sein. Es ist jedenfalls bereits nach gesundem Menschenverstand gut nachvollziehbar, dass in einer Periode anziehender Inflation und breiten Wirtschaftsaufschwungs der Preis für geliehenes Geld (Zins) nicht grundsätzlich durch einen Nullzins der EZB gegenüber Geschäftsbanken künstlich verbilligt werden sollte.

---

53 Sachverständigenrat Jahresgutachten 2016/2017: »Niedrigzinsen weder für den Euroraum noch für Deutschland angemessen«.

54 Vgl. Rn. 410 f. des SVR Gutachtens. Ebd.

Wer indessen glaubt, dass Mario Draghi sich mit dieser Literatur und insbesondere den deutschen wissenschaftlichen Bedenkenträgern näher auseinandersetzt, der irrt sich gründlich. All diese Bedenken, die nicht nur in Deutschland, sondern auch in den Niederlanden durch den Chef der niederländischen Zentralbank Knot, vorgetragen werden, wischt Draghi bei seinen Pressekonferenzen vom Tisch. So wurde auch bei der geldpolitischen Pressekonferenz am 14.6.2018 der »Ausstieg« aus der Ankaufpolitik (gemeint ist der Stopp der Nettozukäufe ab 1.1.2019) mit der klaren Ansage verbunden, dass bis auf Weiteres die EZB zum Nullzins an Geschäftsbanken Zentralbankgeld verleihen würde.

Die von fast allen Marktteilnehmern erwartete und von der Wissenschaft geforderte Zinswende wird also nicht stattfinden, obwohl die amerikanische Zentralbank Federal Reserve eben jene Zinswende schon seit geraumer Zeit eingeläutet hat. Warum Draghi und der von ihm beherrschte geldpolitische Rat der EZB zu einer Zinswende nicht bereit sind, erklärt sich auch nicht etwa aus unterschiedlichen fachlichen Meinungen über die Wirkungen der gegenwärtigen Nullzinspolitik. Vielmehr erschließt sich diese Haltung erst, wenn man die Wirkung einer Zinsanhebung für Italien als Emittent souveräner Schulden und die italienischen Banken als Eigentümer italienischer Staatsschulden betrachtet.

Am einfachsten lässt sich nachvollziehen, dass die bisherigen, nicht marktgerechten Zinsbedingungen, zu denen der italienische Staat, bedingt auch durch das Anleihenankaufprogramm, sich am Kapitalmarkt refinanzieren kann, relativ schnell der Vergangenheit angehören würden. Angesichts der nachhaltigen Umschuldung von kurzfristigen auf langfristige Anleihen würde ein Ansteigen der Zinskosten auch nach Ausstieg aus der Nullzinspolitik nicht schnell spürbar werden.

Indessen würde bei einer Zinswende das Wertpapierportfolio der italienischen Banken in doppelter Weise betroffen werden:

➤ Zum einen würden die Kurswerte für Aktien oder eigenkapitalorientierte Wertpapiere tendenziell nachgeben. Dies trifft alle Marktteilnehmer und nicht nur in Italien. Werden die italienischen Banken die Wertberichtigungen der Anleihenbestände verdauen können?

➤ Zum anderen würde auch der Preis für Staatsanleihen, die die italienischen Banken im Portfolio halten, sehr schnell nachgeben. In dem Maße, wie die italienischen Banken diese Wertpapiere, insbesondere die Staatsanleihen in ihren Büchern als im Umlaufvermögen – also als »Handelsware« – halten, müsste nach strengem Niederstwertprinzip[55] sofort eine Wertberichtigung erfolgen. Dann hätte die italienische Kreditwirtschaft, die sich mit Staatspapieren vollgesogen hat, neben dem Problem notleidender Kreditforderungen noch einen zusätzlichen Wertberichtigungsbedarf bei italienischen Staatsanleihen. Dies fürchten die Banken wie der Teufel das Weihwasser.

Und da Herr Draghi um diese italienische Angst sehr wohl weiß und die Folgen für die Finanzstabilität in Italien gut ermessen kann, verkündet er gegen den Rat aller Geldpolitiker das Fortdauern der Nullzinspolitik. *Gunther Schnabl* hat eine solche Prognose relativ früh gestellt.[56] Er darf sich durch die Realität weitgehend bestätigt sehen.

---

55 Nach diesem Prinzip der Rechnungslegung muss eine Wertminderung sofort in der Gewinn- und Verlustrechnung ausgewiesen werden.
56 Vgl. Gunther Schnabl, Der Weg in die Nullzins- und Hochverschuldungsfalle, Working papers on global financial markets, Nr. 50, Dezember 2013.

Bisher haben wir uns darum bemüht, zu verstehen, dass in Italien die Banken in zweifacher Hinsicht ein wichtiges Scharnier für die Operationalisierung der Staatsverschuldung sind.

➤ Zum einen, weil sie als *Market Maker* bei der Emission von Staatsschuldtiteln auftreten und dabei vorübergehend Eigentümer derselben werden können; es sei denn sie platzieren von vornherein auf fremde Rechnung.

➤ Zum anderen, weil sie Staatsanleihen auf eigene Rechnung dauerhaft erwerben.

Wer hält die italienischen Staatsanleihen?

Banca d'Italia	19,1 % (+5,0 %)
Italienische Banken	15,3 % (-2,5 %)
Italienische Haushalte	5,4 %
Ausländische Investoren	33,2 %

Quelle: Finanzstabilitätsbericht der Banca d'Italia für 2017, Bd. 1, erschienen April 2018, S. 23.

Das Volumen der von italienischen Banken gehaltenen Staatsanleihen ist nicht einfach zu ermitteln. Die Angaben widersprechen sich im Einzelnen. Dennoch ist der Trend eindeutig. Ohne die loyalen Dienste der italienischen Banken und seit 2015 der Banca d'Italia wäre die italienische Staatsschuld nicht unterzubringen. Daran ändert auch der Umstand nichts, dass die Banken Staatsanleihen nicht nur als Eigen-bestand erwerben, sondern sie auch an italienische Bürger weiterverkaufen und ihnen dabei suggerieren, es handele sich um werthaltige Anlagen. Die italienische Sparquote gehört in Europa zu den größten. Allein diese hohe Sparquote und die Treue der italienischen Sparer zu Staatspapieren als Anlageinstrument erklärt die bislang unproblematische Refinanzierbarkeit der italienischen Sparschuld. Ob und wie lange dies anhalten wird, kann nicht prognostiziert werden.

Zu Lira-Zeiten war die Staatsanleihe immer ein Papier, dessen Rendite lohnte. Dies hat sich seit Einführung des Euro und seit der Schmälerung der *Spreads* zwischen traditionellen Hartwährungsländern und Italien zu Lasten der Rendite geändert.

Dass sämtliche Staatsanleihen bislang von Banken aufgekauft werden können, ohne eine eigenkapitalmäßige Risikogewichtung zu erhalten, die Industriekrediten oder Verbraucherkrediten vergleichbar ist, gehört dabei zu den großen Absurditäten des Metaprojektes »Bankenunion«. Denn kurz- und langfriste Anleihen von Ländern wie Zypern, Malta, Italien, Griechenland, aber auch Portugal und Spanien sind angesichts der zweifel- und wechselhaften Bonität dieser staatlichen Emittenten – wie die Vergangenheit gezeigt hat – höchst risikobehaftete Papiere. Bei den Banken, die hiermit ihre Bilanzen füllen, keinerlei Risikorückstellungen, geschweige denn eine Risikogewichtung beim Eigenkapital vorzunehmen, widerspricht jedweder kaufmännischen Vorsicht. Doch angesichts der Abhängigkeit der Mittelmeerländer vom Bankenabsatzkanal zur Bewältigung ihrer Staatsverschuldung haben sich weder im Baseler Ausschuss noch in der Europäischen Kommission jene Kreise durchgesetzt, die wie die Bundesbank seit Jahren auf der Risikogewichtung von Staatsanleihen bestehen. Was passiert, wenn Banken in erheblichem Umfang Staatsanleihen gekauft haben und der staatliche Schuldner auf einmal in Rückzahlungsschwierigkeiten gerät, veranschaulichen die Griechenland-Krise, aber auch die Geschehnisse um Irland, Portugal, Spanien und Zypern. Obwohl die erste *Causa* der Schuldenkrise die untragbare Staatsschuld des jeweiligen Schuldnerlandes ist, riss die Staatsschuldenkrise die Banken des jeweiligen Landes in eine Sektorenkrise. Dieses Risiko ist bei Italien besonders groß und veranlasste den scheidenden Goldman-Sachs-Chef Lloyd Blankfein dazu, in einem Gespräch mit dem Economic Club of New York am 21.6.2018 Italien als größte Bedrohung für die Stabilität der Eurozone zu qualifizieren.[57]

Wenn in einer solchen Situation – also bei einem äußerst fragilen Gleichgewicht, um nicht zu sagen einem strukturellen Ungleichgewicht – die italienischen Banken geringste Erschütterungen erleiden, könnte dadurch eine Kettenreaktion in der italienischen Kreditwirtschaft hervorgerufen werden. Das internationale Kapital zöge sich aus Italien zurück, weil die Märkte dem Land das Vertrauen entziehen.

---

57 Fonds Online, Goldman-Sachs-Chef: Italien ist die größte Bedrohung sowie Goldman-Sachs, »European Politics: Italy Update«, Asset Management, 29.5.2018.

5. Kapitel:

Mehr als ein Intermezzo:
Die neue Regierung Lega/
Fünf Sterne geht zur Erpressung über

D er breiteren Öffentlichkeit in Deutschland ist die schillernde Figur des italienischen Wirtschaftsprofessors *Paolo Savona* erst durch seine Kandidatur für das Amt des Wirtschafts- und Finanzministers bei dem ersten Versuch der Bildung einer Regierung durch Lega-Partei und Fünf-Sterne-Bewegung bekannt geworden. Dabei standen die anti-europäischen und auch die germanophoben Äußerungen von Savona im Mittelpunkt der Berichterstattung. Mattarella, der ehrwürdige italienische Staatspräsident, legte sein Veto ein und erreichte, dass Savona nur noch als Europaminister der neuen Regierung angehört.

Indessen ist an Savona nichts besonders überraschend. Er verkörpert mittlerweile den qualifizierten und bedeutendsten Strom der provokanten, italienischen Kontestation des Euroraums. Schon im Oktober 2015 wurden unter seinem Einfluss Szenarien durchgespielt, die den Italienern suggerieren sollten, welche Vorteile ihnen der Austritt aus der Eurozone bieten würde.[58] Bei diesen Gedankenspielen waren unterschiedliche Repräsentanten und Befürworter des italienischen Austritts auf die Ausarbeitungen von *Nomura* gestoßen („Opti-

---

58 Vgl. https://scenarieconomici.it/se/euro/

mal Exit«) und hatten sich ferner die Arbeiten des englischen Austrittsökonomen *Roger Bootle* zunutze gemacht.[59] Wie bei allen Austrittsplänen, die von Eurogegnern auf nationaler Ebene propagiert
werden, enthält auch dieser Plan manche Ungereimtheiten. Den Vorschlägen ist gemeinsam, dass sie die Probleme, die der Euro für Italien gebracht hat, und die wesentlichen Schwierigkeiten des Austritts
zumindest umschreiben. Ausgangspunkt des italienischen Euroaustrittsplans ist der im Verhältnis zu Deutschland seit 2000 eingetretene
Verlust der Wettbewerbsfähigkeit von behaupteten 22 Prozent. Dies
ist für eine Ökonomie wie die italienische Volkswirtschaft, die sich
vor dem Euro-Experiment im Wege regelmäßiger Abwertungen Wettbewerbsvorteile verschafft hatte, eine ganz neue Erfahrung. Immerhin darf daran erinnert werden, dass auch ernsthafte Ökonomen unterschiedlichster nationaler Provenienz es in einem Währungsraum
mit so heterogenen Volkswirtschaften wie der Eurozone für unmöglich gehalten hatten, den einzelnen Ländern die Option der kompetitiven Abwertung zu nehmen. Die italienischen Austrittsbefürworter wollen diesen Hebel nationaler Politik wieder bedienen können
und sind bereit, dafür die Risiken eines Austritts in Kauf zu nehmen.

Diese Risiken sehen sie vor allem in der Abwicklung der Währungsumstellung. Sie stellen gleichlautend mit der Studie von *Bootle* die
Frage, ob man unter größter Geheimhaltung vorgehen solle oder den
Märkten die Absicht einer Währungsumstellung zeitig mitteilen könne. Auch gebe es gewisse Schwierigkeiten, so räumen die Exit-Befürworter ein, die Zahlungsströme umzustellen und das gesamte Bankensystem durch Redominierung der Währung ruckartig von Euro
auf die neue Lira anzupassen.

---

59 Bootle ist ein britischer Ökonom, der im Rahmen seiner Gesellschaft ein Papier vorgelegt
    hat: Leaving the Euro: practical guide. Hierfür hatte er von dem Mitglied des britischen
    Oberhauses, Lord Wolfson, einen hochdotierten Preis erhalten.

Nicht übersehen haben die Befürworter des Exits die Folgen der Währungsumstellung für die öffentliche Schuld Italiens. Natürlich müssten die Gläubiger von internationalen Schuldenmärkten der Bonität Italiens als guten Schuldner versichert werden. Indessen, so lautet die Leichtgläubigkeit der Exit-Befürworter, sei mit einer Kapitalflucht so lange nicht zu rechnen, wie Italien das Risiko eines »default« (Zahlungseinstellung) ausschließen könne. Hierzu sei erforderlich,[60] dass die gesetzlichen Bestimmungen über das Verbot an die Banca d'Italia, auf dem Primärmarkt für Staatsmittel zu intervenieren, sofort fallen sollen.[61] Mit anderen Worten: Die Austrittsbefürworter setzen auf die Wiederbelebung der monetären Staatsfinanzierung durch die italienische Zentralbank entgegen dem Verbot des Art. 123 AEUV. Denn nichts anderes ist die Intervention derselben auf dem Primärmarkt. Die linke Hand des Staates kauft dann die Emissionen, die die rechte Hand des Staates soeben emittiert hat.

Glauben die Exit-Befürworter wirklich, mit dieser Methode der »Stabilisierung« der italienischen Staatsschuld die Märkte beruhigen zu können? Wie gut, dass die Exit-Befürworter die »ökonomische Ratio« ihrer Überlegungen so offen präsentieren. Ihr Rezept ist ganz einfach: Um schnell wieder wettbewerbsfähig zu werden, muss Italien seine eigene Währung zurückbekommen und diese im Verhältnis zu den Anrainerstaaten massiv abwerten. Wie die Gläubiger des hochverschuldeten Landes bei der Stange gehalten werden sollen, wie die Staatsschuld auch nur vorübergehend erträglich gestaltet werden kann und schließlich, wie die Kapitalflucht aus Italien verhindert werden soll, darüber liest man in Savonas Papier wenig.

Nicht entgangen ist den Befürwortern des Austritts indessen die Bilanz der Target-Salden. Wie und mit welchen Mitteln Italien bei Aus-

---

60 Vgl. Schaubild 68 der vorzitierten Zusammenstellung.
61 Gemeint ist Art. 123 AEUV.

scheiden aus dem Euro der Aufforderung nachkommen könnte, sein Debet von circa 400 Milliarden Euro gegenüber Deutschland zu begleichen, wird nicht näher erörtert. Es kann allerdings als sicher gelten, dass der Verlust der Target-Forderungen für Länder, die sehr viel kleiner sind als Deutschland, aus Sicht der italienischen Exit-Befürworter und Eurogegner ein ideales Erpressungsinstrument wäre. Denn die Angst davor, dass sich die italienische Krise zu einer Krise des gesamten Mittelmeerraums ausweitet, würde sicherlich die Bereitschaft zum Forderungsverzicht oder zu präventiven Transferleistungen erhöhen.

Die Entwicklung in Italien könnte unabhängig vom Portfolio notleidender Forderungen dann an Dramatik gewinnen, wenn infolge des Glaubwürdigkeitsverlustes der italienischen Politik durch mangelnde verbale Disziplin des politischen Personals eine Kapitalflucht ausgelöst würde. Schon jetzt liegen die Nerven der Anleger, die Italien-Risiken haben, ziemlich blank. Bereits 2016, vor dem dann gescheiterten Verfassungsreferendum und im Angesicht der Bankenkrise, hatten internationale Anleger im großen Umfang ihre Guthaben aus Italien in sogenannte *Safe Haven Countries* gebracht. Dazu gehörte auch Deutschland. Infolgedessen stieg Ende 2016 der Target-Saldo Deutschlands auf 708 Milliarden Euro an. Währenddessen erreichte der negative Target-Saldo Italiens gegenüber Deutschland mit 355 Milliarden Euro einen neuen Höchststand. Zwischenzeitlich ist infolge des Anleihenaufkaufprogramms der Target-Saldo der Bundesbank auf fast 1000 Milliarden Euro angestiegen. Die EZB gibt ganz unumwunden zu, dass der Verkauf von Anleihen durch Banken an das Eurosystem und die Umschichtung von Portfolios in *Safe Haven Countries* als eine der Ursachen für dieses wachsende Ungleichgewicht darstelle. *Hans-Werner Sinn* hat das Verdienst, sowohl der

Wissenschaft als auch dem Publikum das Selbstbedienungssystem der Target-Saldenmechanik nahegebracht zu haben.[62]

Dass über diese Form der Geldschöpfung und Kreditierung im Maastricht-Vertrag kein Wort zu finden ist und auch kein Parlament der Eurozone, geschweige denn der Deutsche Bundestag, mit dem Target-Saldensystem jemals befasst worden ist, belegt ein gravierendes Demokratiedefizit bei der Schaffung und Durchführung der Europäischen Währungsunion. Auch der stets diszipliniert auftretende Herr Weidmann kann die Zahlen und die damit verbundenen gigantischen Risiken nicht kleinreden. Sollte Italien wirklich aus dem Euro ausscheiden, müssten circa 400 Milliarden Target-Schulden von der Banca d'Italia getilgt werden. Obwohl Mario Draghi auf eine Anfrage der italienischen Abgeordneten im Europäischen Parlament Zanni und Valli am 18.1.2017 bestätigte, dass von ausscheidenden Mitgliedern der Währungsunion die Target-Schulden zurückgezahlt werden müssten,[63] vermag auch ein Kind zu verstehen, dass eine solche Zahlung von der Banca d'Italia nicht bewerkstelligt werden könnte.

Man stelle sich den öffentlichen Aufschrei in Italien vor, wenn irgendein deutscher Politiker die angemessene und vernünftige Forderung erheben würde, angesichts des hohen Schuldenstandes Italiens bei den Target-Salden müssten diese Schulden durch das üppig in der Banca d'Italia vorhandene Gold[64] verbürgt werden. Wollen wir hoffen, dass sich in Deutschland bald eine mutige Stimme für diese Forderung findet.

---

62 Hans-Werner Sinn, »Fast 1.000 Milliarden Euro. Der Target-Saldo der Bundesbank ist so gewaltig, dass er große Aufmerksamkeit verlangt, FAZ vom 17.7.2018, S. 16; vgl. ders., The Euro Trap: On Bursting Bubbles, Budgets, and Beliefs. Oxford University Press 2014.

63 Vgl. Markus C. Kerber, »Wehrt euch Bürger«, S. 102 ff.

64 Laut Angaben der Banca d'Italia 2074 Tonnen. Beim gegenwärtigen Goldpreis entspricht das einem Wert von circa 70 Milliarden Euro.

Derweil geht die politische Debatte über einen eventuellen Euro-Austritt Italiens hinter den Kulissen weiter. Während der Finanz- und Schatzminister Giovanni Tria zwar Sparmaßnahmen in der italienischen Fiskalpolitik zwecks Erreichung der europarechtlichen Stabilitätskoeffizienten ablehnt, versucht er die Diskussion über eine Änderung der Statuten der Europäischen Zentralbank oder gar einen Euroaustritt im Zaum zu halten. Auch die Realpolitiker im italienischen Bankenverband, allen voran Verbandspräsident Patuelli sowie sein windiger Generaldirektor Sabattini weisen auf die unabsehbaren Folgen eines Austritts Italiens aus der Eurozone hin. Da jeder Italiener versteht, dass die Zinsen für italienische Staatsanleihen bei Emissionen außerhalb der Eurowährung drastisch ansteigen würden, bemühen italienische Realpolitiker die Anschauung durch den Blick auf argentinische Verhältnisse. Mit Argentinien hatte Italien, insbesondere der italienische Bankenverband, seine einschlägigen Erfahrungen. Vor circa 14 Jahren wurde eine Taskforce aufgestellt, die all jene Kleinanleger, welche argentinische Staatsanleihen auf Zuraten der italienischen Banken gekauft hatten, durch langfristige Prozesse gegen die Republik Argentinien entschädigen sollte. Daher machen sich die italienischen Banken und ihr Verband über die Folgen eines italienischen Euroaustritts keine Illusionen. Sie wissen, dass man mit der Frage »Wollt Ihr lieben Italiener, dass es mit Italien so kommt wie mit Argentinien?« die größte Abschreckungswirkung erzielt wird.

Gleichwohl lassen sich die prinzipiellen Gegner der gegenwärtigen Währungsunion in Gestalt von Savona nicht davon abhalten, den Versuch zu unternehmen, im Rahmen der aktuellen institutionellen Ordnung solche Änderungen herbeizuführen, die die Europäische Währungsunion auf den Kopf stellen würden. Der hierfür notwendige öffentliche Druck ist ein Mix aus politisch-wissenschaftlicher Diskussion und journalistischer Propaganda. Auf Letztere versteht sich

Oscar Giannino. Er schreibt in einer Wochenzeitschrift[65] einen offenen Brief an »die lieben deutschen Freunde«: »Es gibt Dinge, die sich ändern müssen, und Ihr wisst, was.« Giannino, der nicht zu den erklärten Deutschlandfeinden gehört, hält gleichwohl der deutschen Wirtschaftspolitik eine Philippika. Schließlich sei es Deutschland, welches durch seine hohen Leistungsbilanzüberschüsse die Ungleichgewichte in der Europäischen Währungsunion hervorgerufen habe. Ferner sei Deutschlands Insistieren auf den Regeln und seine mangelnde Bereitschaft, Schulden zu vergemeinschaften, zwar verständlich, aber nicht weiterführend. Und dann zum Schluss: »... und Eure schreckliche Geschichte von Größe, aber die Ströme von Blut, die geflossen sind, um das Gegenteil zu beweisen, akzeptiert bitte, dass ich Euch daran erinnere und dass wir zuerst und vor allem Eure aufrichtigen Freunde sind.«[66]

Derart literarisch hochwertige Äußerungen macht sich *Alberto Bagnai* nicht zu eigen. Der ehemalige Assistenzprofessor an der Gabriele D'Annunzio Universität Chieti-Pescara hat nunmehr einen Sitz im italienischen Senat. Er kann sich glücklich schätzen, mit seinem Werk *Il Tramonto dell'Euro* einen ökonomischen Bestseller geschrieben zu haben. Hierin entwirft er eine interessante, stimulierende Analyse der Gründe für den italienischen Niedergang und eine einfache Kausalerklärung: Es liege an Deutschland, das sich weigere, bei den Regeln flexibel, bei der Haftung großzügig und bei der Bankensanierung entgegenkommend zu sein. Alberto Bagnais paradiesische Perspektive »Dopo l'Euro«[67] ist weniger eine ökonomische Analyse denn ein religiöses Heilsversprechen. Dass Persönlichkeiten mit derart germano-

---

65 Vgl. Panorama vom 7.6.2018, S. 37.
66 Ebd.
67 Alberto Bagnai, Il Tramonto dell' Euro. Come e perché la fine della moneta unica salverebbe democrazia e benessere in Europa (Deutsch: Warum und wie das Ende der gemeinsamen Währung die Demokratie und den Wohlstand in Europa retten, 3. Aufl. März 2018, Mondadori. Vgl. ebd., S. 281 ff.

phoben und propagandistischen Neigungen mittlerweile Teil des italienischen Establishments sind, sollte die deutschen Ökonomen, die
immer noch an Europa glauben, dazu veranlassen, hin und wieder
die italienische Presse oder die Werke der Eurogegner zu lesen. Deutlich, wenn auch für manche in Deutschland nicht vernehmbar, erklärt
Europaminister Paola Savona, wie er sich die künftige Währungsunion vorstellt. Regeln über Verschuldung soll es danach gar nicht mehr
geben und die EZB solle endlich auch offiziell zum »Lender of Last
Resort« werden. Dies heißt für ihn: Sie solle unbeschränkt am Primärmarkt intervenieren. Geschähe dies, würden sich auch die Zins-
unterschiede zwischen Italien und Deutschland drastisch verringern.
Savona weiß, dass er gegenwärtig mit derartigen Gedankenspielen
politisch nicht durchdringen kann. Dennoch hält er sich in permanenter Bereitschaft. Denn er, der alte Fuchs, spürt, dass eine Krisensi-
tuation ihm blitzschnell die Möglichkeit geben würde vorzupreschen.
Dann würde er entweder einen totalen Umbau der Währungsunion
nach italienischen Vorgaben verlangen oder ggf. – wenn auch nur als
Drohmittel – einen Austritt Italiens betreiben.

Zu den ernsthaften Proteststimmen gegen den monetären Zwangs-
mantel der Einheitswährung zählt sicherlich *Antonio Maria Rinaldi*.
Er hat ein vielbeachtetes Buch mit dem Titel »Die Souveränität gehört dem Volk und nicht dem Spread« geschrieben. In diesem Opus
erklingt ein Protestschrei gegen das Urteil der Märkte, die italienische
Schuld als risikoreicher einschätzen als bspw. die staatliche Schuld
der Niederlande oder Schwedens. Auf vielfältigen Foren, so auch
beim *Scenari Economici a Milano* am 2.7.2018, diskutiert Rinaldi
mit den Vertretern der neuen Mehrheit, etwa mit dem fachlich versierten Europaabgeordneten *Marco Zanni*. Technisch-sachliche Ant-
worten auf die Frage, wie Italien ohne eine Rosskur bei den Staatsaus-
gaben aus seinem Schuldenkorsett herauskommen will, erhält man
von diesen Personen nicht. Dafür hört man umso lauter das Klagelied
darüber, dass Italien eines der Gründungsländer der Europäischen

Wirtschaftsgemeinschaft und Mitglied des Clubs der »großen Länder« der Europäischen Union von Brüssel Ratschläge erhalte und von Deutschland die kalte Schulter gezeigt bekomme.

In dieser Form melodramatischer Realitätsverweigerung sind die Vertreter der italienischen Politik parteiübergreifend unübertroffen. Dies gilt auch für *Laura Castelli*, Jahrgang 1986, die neue Staatssekretärin im Finanzministerium. Ausgestattet mit einem schlichten BWL-Examen führt sie seit ihrer Ernennung das große Wort in den Medien und übt sich darin, die Illusion zu erzeugen, die Macht der Märkte könne von Italien gebrochen und der Weg zur Sanierung der Staatsfinanzen und zu mehr Wachstum würde durch eine italo-souveräne Politik geebnet werden. Auch *Daniele Pesco* – ein norditalienischer Abgeordneter der neuen Fünf-Sterne-Bewegung – will von Ausgabenkürzungen nichts hören. Er setzt ganz und gar auf die selbstheilende Wirkung eines massiven Investitionsprogramms. Aus welchen Mitteln dieses Investitionsprogramm finanziert werden soll, lässt indessen auch Pesco vollständig offen.

Derweil gab der neue italienische Regierungschef *Giuseppe Conte* am 31.7.2018 sein erstes Gastspiel im Weißen Haus. Er ließ sich von Präsident Trump über den grünen Klee loben, besonders für die Wende in der Migrationspolitik. Conte weiß, dass Trump ein zweites Trojanisches Pferd in der EU sucht, und signalisiert seine Bereitschaft für ein Sonderverhältnis zu den USA. Über die – monetären – Gegenleistungen kann gegenwärtig nur gerätselt werden. Aber Trumps Wille zur Spaltung Europas wird er sich etwas kosten lassen. Darauf setzt jedenfalls die Conte-Regierung.

Die deutsche Politikerklasse täte gut daran, diesen neuen, mächtigen Stimmen der italienischen Politik mehr Aufmerksamkeit zu widmen. Vielleicht würde dies dazu führen, dass auch Bundesfinanzminister

Scholz nicht länger erklärt, er habe großes Vertrauen in die italieni-sche Politik und ihren Realitätssinn.

Wenngleich diese Stimmen, die in Italien immer mehr an Gewicht gewinnen, den offiziellen Diskurs des EZB-Präsidenten Draghi stö-ren, weiß er sich mit all jenen Kräften einig, die »zur Vertiefung der Währungsunion« immer spektakulärere Vorschläge unterbreiten. Er vermag sich gegenüber der ihm ohnehin wohlgesonnenen Bundes-kanzlerin als ein Hort der Vernunft darzustellen. Man hört ihn fast sa-gen: »Cara Angela, was würde aus Italien ohne mich?!« Wohlwissend, dass die konfliktscheue Bundeskanzlerin bereit ist, alles zu schlucken, um den Showdown innerhalb der Eurozone und damit das abrupte Ende ihrer politischen Karriere abzuwenden.

Dass auch deutsche Fachpolitiker sich nicht bemühen, die italieni-sche Presse zu studieren oder zumindest aufmerksam die Meinungs-entwicklung wahrzunehmen, spricht Bände über den Verlust des Po-litischen in Deutschland. Der neue Bundesfinanzminister schickt derweil seinen besten Beamten, *Ludger Schuknecht*, zur OECD, statt mit ihm das Monitoring Italiens zu verstärken.

6. Kapitel:
Macrons Vision und Draghis Traum: Die Lösung der italienischen Probleme durch »Vertiefung der europäischen Währungsunion«

Lange Zeit lief alles nach Macrons Plan. Er war dabei, über die unterschiedlichsten Lobbykanäle Deutschland weich zu klopfen und bei der europäischen Einlagensicherung, der Letztsicherung für den Bankenabwicklungsfonds, den Europäischen Währungsfonds und allerlei anderen Euro-Rettungsinstrumenten, zumindest einen Verhandlungseinstieg mit seinem Lieblingspartner, dem Merkel-Land, gefunden zu haben. Getreu der alten französischen Taktik, »Was man in der ersten Runde nicht erreicht, gelingt dann im Nachverhandeln«, waren die Weichen auf einen Macron-Sieg bei dem europäischen Gipfel im Juni 2018 in Brüssel gestellt. Doch dann platzte in Italien eine Bombe. Die unnatürliche Allianz von radikal-demokratischer Fünf-Sterne-Bewegung und nationalistischer Lega ließ nach ihrem Wahlsieg dem Wunschdenken freien Lauf: 250 Milliarden italienischer Staatsschulden sollten praktisch neutralisiert werden, man wolle eine Parallelwährung zum Euro einführen und behalte sich im Übrigen vor, aus dem Euro ganz auszusteigen.

Zeitgleich mit diesen fantasievollen Wünschen der italienischen Wahlkampfsieger und gestützt durch einige Wirtschaftsprofessoren, die – wie Paolo Savona und Alberto Bagnai – gegebenenfalls auch für Donald Trump als Gutachter hätten tätig werden können, wurde den Italienern eingeredet, das Paradies sei nah. Man müsse nur Deutschland aus diesem Paradies vertreiben. Dann stünde es allen Italienern offen und verspreche Wachstum, Preisstabilität und neue, große Ausgabenspielräume in der Sozialpolitik. Glücklicherweise hielt sich die deutsche Politik bedeckt. Dafür kamen aus der etablierten Presse Kommentare, die dankbar in Italien aufgegriffen wurden, um die Germanophobie erneut zu entfachen. Die Mahner auf dem politischen Parkett kamen indessen diesmal aus Paris. Wirtschaftsminister Bruno Le Maire erinnerte die Franzosen an die unabdingbaren Stabilitätsregeln. Mitglied der Eurozone zu sein, ohne sich an diese Regeln zu halten, sei nicht möglich.

Die Franzosen wissen, was auf dem Spiel steht. Ihr größter Erfolg in der Nachkriegspolitik, die Abschaffung der D-Mark, könnte nun durch populistische Sniper aus Italien torpediert werden. Das Europa Macrons, mit Deutschland als großzügigem Zahler und Frankreich an den Schalthebeln der diversen Transferfonds, würde dann zur Disposition stehen. Die Kommission in Brüssel, angeblich Hüterin der Verträge, hielt sich trotz der angekündigten Vertragsverletzungen zurück. Der allseits belächelte französische EU-Kommissar Moscovici erklärte lediglich, man sehe den Stabilitätspakt und seine Regeln als eine »Plattform des Dialogs«. Je politischer die Kommission werde, umso weniger wolle sie als Verwaltungsbehörde Sanktionen erlassen.

Der in Italien ausgetragene Streit über die Ernennung von Paolo Savona, den erklärten Deutschlandgegner, zum Wirtschafts- und Finanzminister sowie der heftige Widerstand des italienischen Staatspräsidenten Mattarella gegen diese Personalie, sind Teil des italienischen Sittengemäldes. Das nur mit Ach und Krach qualifizierte Euroland Italien, dessen Beitritt der damalige sächsische Minister-

präsident Kurt Biedenkopf für unvertretbar hielt, scheint die Ver-
günstigungen der EZB-Politik für die eigene Finanzlage vollständig
vergessen zu haben. Nicht so die Banca d'Italia, die italienische Notenbank, die stolz eine Superdividende von 3,3 Milliarden Euro, infolge des starken angeschwollenen Anleihenportfolios, in ihrer Bilanz
ausweist. Noch größer sind die Zinseinsparungen, die Italien, insbesondere durch das groß angelegte Anleihenkaufprogramm seit 2015
zu verzeichnen hat. Wie künstlich, ja geradezu widernatürlich diese
durch Wettbewerbsverfälschungen der EZB veranlassten Zinssen-
kungen waren, zeigt sich in der Krise. Denn die Märkte lassen sich
nicht auf Dauer täuschen. Internationale Anleger gingen angesichts
der chaotischen Regierungsbildung und der damit einhergehenden
deklaratorischen Politik sofort zum Ausverkauf über. Die Kursverlus-
te zehnjähriger Staatstitel führten innerhalb kürzester Zeit zu einem
Renditeanstieg, also zu einem Zinsanstieg, von bis zu 3 Prozentpunk-
ten. Dies bedeutete das höchste Zinsniveau seit dreieinhalb Jahren.
Der Zinsaufschlag gegenüber Bundesanleihen weitete sich auf 2,3 bis
3 Prozentpunkte aus.

Und auch mit der Börse in Mailand ging es sofort um 2,1 Prozent in
den Keller. Die italienischen Banken und ihre Aktien waren die ersten, die Federn lassen mussten. Während die Koalitionäre noch die
Hegemonie Deutschlands wie den Teufel an die Wand malten, be-
gannen die nüchtern kalkulierenden Investoren, sofort das Italienrisi-
ko neu zu bewerten. Dazu gehört insbesondere auch der marode Bankensektor, der in der Staatsverschuldung deshalb eine große Rolle
spielt, weil traditionell Banken die Anleihen des italienischen Staates
zeichnen, um sie an ihre Kunden schnell weiterzuverkaufen.

Obschon mittlerweile circa 20 Prozent der italienischen Staatsanleihen mit einer Laufzeit von mehr als einem Jahr von Zentralbanken der
Eurozone gehalten werden, verbleibt bei den Investoren außerhalb
des Euroraums immer noch ein erheblicher Teil (13 Prozent). Ver-

kaufen sie, so würde das Rating italienischer Staatsanleihen schnell
ins Bodenlose sinken.[68]

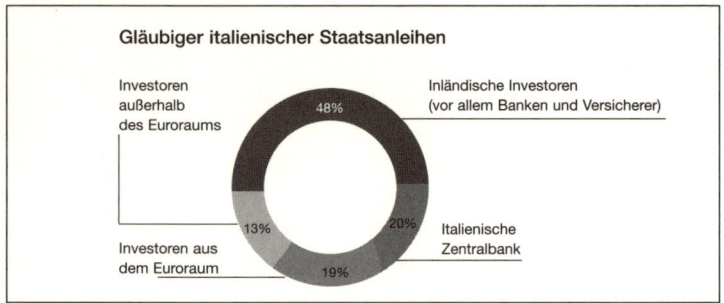

Gläubiger italienischer Staatsanleihen

Investoren außerhalb des Euroraums — 48%

Inländische Investoren (vor allem Banken und Versicherer)

Investoren aus dem Euroraum — 13%

20% — Italienische Zentralbank

19%

Die Folgen wären peinlich für Mario Draghi. Die Europäische Zentralbank könnte dann verpflichtet sein zu prüfen, ob die italienischen
Staatsanleihen noch die geeignete Bonität haben. Sie darf nach eige-
nem Beschluss nur dann kaufen, wenn die Anleihen Italiens zumindest
ein Rating als Investment Grade[69] erreichten. Sollte ein Teil der Anleihen unter diese Bonität fallen, dürfte sie nicht mehr kaufen. Dies hätte
einen exponentiellen Effekt für den Anstieg der Rendite dieser Anleihen, sprich der Zinsen, die hierfür gezahlt werden müssten, zur Folge.

Die Dynamik, mit der sich Staatsschuldenmärkte drehen können,
kennen wir aus der Erfahrung mit Ländern wie Griechenland, Irland
und Portugal. Indessen geht es bei Italien um ganz andere Dimensio-
nen. Das Land hat mehr Schulden als die Bundesrepublik Deutsch-

68 Aufschlussreich die Aufstellung der italienischen Staatsschuldenstruktur bei der Bank für
    Internationalen Zahlungsausgleich, siehe BIS Italy debt securities issues and amounts out-
    standing, Tabelle C3.
69 Hierunter wird eine bestimmte Bonität verstanden. Bei Standard & Poor BBB, bei Moody's
    Baa.

land und könnte mit den Ressourcen des Eurorettungsfonds ESM nicht vor dem Konkurs gerettet werden.

Das weiß Herr Draghi genauso wie die amtierende italienische Regierung und auch der Gouverneur der Banca d'Italia. Die deutlichen Risikoaufschläge für italienische Staatsschulden, die die Märkte blitzschnell forderten, machen das breite italienische Publikum mit dieser Realität anschaulich vertraut.

Beim Blick auf diese Finanzmarktentwicklung werden Macron und seine deutschen Helfershelfer ihre gute Laune verlieren. Dies gilt nicht nur für die Chancen ihres Unterfangens, die EWU zu einem Versicherungsverein auf Gegenseitigkeit zu machen und für dieses Unterfangen Deutschland weich zu klopfen. Vielmehr hat Frankreich, vor allem die französischen Banken, massive Interessen aufgrund bedeutender Bank-Tochtergesellschaften in Italien. So gehört eine der großen italienischen Banken, die Banca Nazionale del Lavoro, den Franzosen. Nach Berechnungen der Bank für Internationalen Zahlungsausgleich steht Italien gegenüber französischen Banken mit 311 Milliarden Euro in der Kreide. Davon sind ungefähr 63 Milliarden Euro Staatsanleihen, die von französischen Banken bzw. ihren italienischen Tochtergesellschaften gehalten werden. Demgegenüber ist das Engagement von deutschen und spanischen Banken in Italien relativ gering[70]. Es wird also aus Pariser Sicht Zeit, dass sich die französische Bankenlobby mit ihren deutschen Kollegen zusammensetzt, um die Vergemeinschaftung der italienischen, sprich französischen Bankenrisiken schnell anzugehen. Die italienische Krise könnte außer Kontrolle geraten. Schließlich muss Italien in den nächsten Monaten laut Schuldenstatistik längerfristige Titel in Höhe von 182 Milliar-

---

70 Deutsche Banken haben Forderungen in Höhe von 91 Milliarden, davon 39 Milliarden gegenüber dem Staat, spanische Banken 66 Milliarden Euro, davon 45 Milliarden gegenüber dem Staat.

den zurückzahlen. Wir werden sehen, ob die Bereitschaft der italienischen Banken endlos ist, den italienischen Staat in bisher gewohntem Maße bei steigenden Zinsen zu finanzieren.

Angesichts dieser Gefahrenlage werden die italienisch-französischen Wünsche nach einer Vertiefung der Währungsunion lauter.

Hatte das italienische Intermezzo der Regierungsbildung allen Marktteilnehmern gezeigt, wie fragil die Konstruktion der Europäischen Währungsunion ist, so drückten alle Befürworter einer »Vertiefung der Währungsunion« nunmehr aufs Gaspedal, um für die Achillesferse der Währungsunion, Italien, eine glaubwürdige Rückversicherung zu finden.

Märkte reagieren auf Erwartungen bzw. Enttäuschungen. Daher fordern Draghi und seine italienischen Mitstreiter in der EZB sowie der französische Staatspräsident Macron auf allen Kanälen »vertrauensbildende Maßnahmen« gegenüber diesen Märkten. Sie und ihre Berater wissen, dass es für Italien keinen Rettungsfonds gibt, der groß genug wäre, das Land vor dem Staatsbankrott zu bewahren, wenn die Märkte entschlossen gegen Italien spekulieren. Angesichts der Gläubigerpositionen vieler Eurowährungsländer im Target-System gegenüber Italien wäre damit der Zerfall der Eurozone – mit oder ohne Austritt Italiens – kaum noch aufzuhalten. Daher setzen die Strategen auf Krisenprävention.

Frankreich, Paris, Rom und Brüssel übertreffen sich mit immer neuen Vorschlägen, die im Ergebnis ökonomisch nichts anderes bewirken sollen, als die strukturellen Verwerfungen, die die Eurozone mit sich bringt, mit immer neuen Geldtöpfen in den Griff zu bekommen. Ob das für Italien gelingt, ist angesichts der strukturellen Probleme eine große Frage. Daher setzt Draghi alles daran, seine Vergangenheit zu camouflieren, die Unterlassungen der Banca d'Italia bei der Beaufsichtigung der italienischen Banken vergessen zu machen und einmal mehr zusammen mit den Franzosen eine Sektorlösung für die italienischen Banken zu verhandeln. Dabei liegen die Instrumente, die in trauter Eintracht von Europäischer Kommission, der französischen Regierung und der »Draghi-Gang« mit immer neuen Namen präsentiert werden, mittlerweile auf dem Tisch.

Es handelt sich zum einen um die Verstärkung der Feuerkraft des Single Resolution Fund, also des Bankenabwicklungsfonds. Dieser wird bis 2024 erst ungefähr 55 bis 60 Milliarden Euro an Beiträgen von den Banken des Eurozonengebietes erhalten haben. In einem Pressegespräch erklärte kürzlich die Chefin jener Agentur, die den Single Resolution Fund managt, Frau Dr. Elke König (Single Resolution Board), sie erwarte eine Letztsicherung durch den Europäischen Stabilisierungsmechanismus in Höhe von 60 Milliarden Euro.[71]

Wer in der Bankensanierung erfahren ist, weiß, dass auch eine mittelgroße Bank erhebliche Abwicklungssummen erfordern kann. Kommt es gar zur gleichzeitigen Abwicklung mehrerer größerer Banken, sind Summen wie 60 Milliarden gar nichts. Die noble Intention des europäischen Bankengesetzgebers im Rahmen der sogenannten Bankenabwicklungsrichtlinie (BRRD), nicht nur Aktionäre, sondern auch Gläubiger (»Bail-in«) an der Bankensanierung und Abwicklung zu beteiligen, hat bisher noch nie geklappt. Das Verfahren ist so kompliziert, dass von einer Kopfgeburt gesprochen werden kann.[72]

Eins ist indessen sicher: Um das spekulative Fieber aus dem italienischen Bankenmarkt zu nehmen, bedarf es einer starken deklaratorischen Politik von Seiten der EZB und der Europäischen Kommission, um den Märkten zu signalisieren: Was auch immer geschieht,

---

71 Werner Mussler, »Mit nochmals 60 Milliarden Euro kann ich leben«, FAZ vom 11.6.2018.
72 Markus C. Kerber, Eine Kopfgeburt namens Bail-in, Börsenzeitung vom 2.6.2017.

der italienische Bankensektor wird gerettet werden. Daher lässt Mario Draghi keine Gelegenheit aus, um neben der Verstärkung der Feuerkraft des ESM zugunsten des SFR eine europäische Einlagensicherung zu befürworten.

Die Einlagensicherungsfonds innerhalb der Europäischen Union sind in jedem Mitgliedstaat höchst unterschiedlich ausgestaltet.

Nimmt man die Propheten der Marktwirtschaft beim Wort, so wählen Anleger ihre Banken danach aus, welche Bonität sie darstellen. Dies ist eine Frage des Standings der jeweiligen Bank auf den Märkten, aber auch der Qualität des Einlagensicherungssystems des jeweiligen Landes. Manche Länder haben gar kein Einlagensicherungssystem, andere sind erst dabei, ein solches Einlagensicherungssystem aufzubauen.

Zwei Gruppen der Kreditwirtschaft in Deutschland verfügen über einen Konkursschutz durch ihre eigenen Mitglieder. Sowohl die deutsche Sparkassenorganisation verfügt über ein Netz von gegenseitiger Haftung, das bislang auch in besonders strapaziösen Sanierungsfällen, wie dem der Westdeutschen Landesbank, gehalten hat. Gleiches gilt für den Genossenschaftssektor. Auch hier gibt es eine Gruppenkonkurssicherung, die jedes Mitglied des Genossenschaftsverbandes unter den Schutz der Gruppe stellt. Diese Form von Gruppenkonkurssicherung ist ein deutsches Spezifikum. Es kommt der Stabilität der gesamten Kreditwirtschaft zugute. Kein einziges Kreditinstitut der beiden genannten Gruppen ist jemals dem Steuerzahler zur Last gefallen.

Doch mit der Einrichtung einer Einlagensicherung, wie sie Draghi fordert und Juncker & Co. ausarbeiten, können diese Gruppierungen der deutschen Kreditwirtschaft kaum leben. Sie müssten erneut in eine europäische Einlagensicherung einzahlen, obschon die Einlagen ihrer Kunden durch eigene Gruppensysteme gesichert sind. Wenn es bislang noch keinen Konsens für eine europäische Einlagensicherung gegeben hat, so liegt dies u. a. auch daran, dass diese beiden Gruppierungen gegen eine doppelte Belastung bei Bundesregierung, Kommission und im Europäischen Parlament energisch protestiert haben. Sparkassenorganisationen und Genossenschaftsverband verfügen in Deutschland über wirkmächtige Lobbys, die in allen Parteien gut vertreten sind.

Obschon Angela Merkel bislang fachpolitische Erwägungen, wie bestehende, gruppeninterne Sicherungssysteme, immer ihrem machtpolitischen Kalkül geopfert hat, weiß sie, dass sie bei einer Integration der bestehenden Sicherungssysteme in ein europäisches System auf den harten Widerstand von Sparkassenorganisationen und Genossenschaftsbanken treffen wird. Ihre Zurückhaltung gegenüber den Vorschlägen von Präsident Macron und ihr Hinhalten gegenüber dem forschen Drängen von Draghi lassen sich nur so erklären. Ebenso gewandt, wie die Kanzlerin, sind auch die Anpassungsversuche der Europäischen Kommission. Man könne ja erst einmal mit einem Rückversicherungssystem den Einstieg in eine Einlagensicherung versuchen. Will heißen: Nur für den Fall, dass die Einlagensicherung in einem Mitgliedsland nicht funktioniere oder die Haftungssumme nicht reiche, würden die anderen Systeme – über ein Rückversicherungssystem verbunden – für die Haftungslücke aufkommen. Die Taktik in Brüssel und Paris ist immer dieselbe: Es gilt, einen Einstieg zu finden, um danach im »Namen Europas« zur »Vollendung der Währungsunion« oder zur »Vertiefung der Bankenunion« den Marsch in die Transferunion entschlossen fortzusetzen.

Wie sehr Frankreich hierbei national-politische Interessen verfolgt, ist bereits dargelegt worden. Die Präsenz mehrerer französischer Großbanken über Tochtergesellschaften am italienischen Bankenmarkt lässt Macron gar keine andere Wahl, als auf eine Vergemeinschaftung der Risiken zu drängen. Die Französische Republik wäre nicht in der Lage, ein fallierendes Kreditinstitut wie die BNP Paribas aufgrund einer Schieflage der Banca Nazionale del Lavoro in Italien aufzufangen. Die Erinnerung an die Sanierungskosten des Crédit Lyonnais, der damals größten französischen Bank, von umgerechnet 50 Milliarden Euro in den 90er-Jahren wirkt auch heute noch abschreckend genug.

Die Erwartungen für den großen Euro-Gipfel am 29. Juni 2018 waren auf französischer und italienischer Seite hochgesteckt. Noch während des deutsch-französischen Minigipfels in Meseberg hatten sich Macron und Merkel weitgehend über Eurobudget und diverse Vertiefungstöpfe für die Europäische Union geeinigt. Doch dann dominierte schlagartig die Migrationsproblematik die Tagesordnung. Die öffentliche Debatte über die Unfähigkeit der Europäischen Union, ihre Außengrenzen zu schützen, um sich dem unkontrollierten Zuzug fremder Völkerscharen zu erwehren, hatte auf einmal Priorität. Diese Agenda war dem österreichischen Jungstar-Bundeskanzler Kurz viel wichtiger als hochtrabende Europläne. Auch sein italienischer Amtskollege sah sich einem Glaubwürdigkeitstest ausgesetzt. Die Lega-Nord-Komponente der *Giuseppe Conte*-Regierung und insbesondere Minister Salvini wollten Beschlüsse und dann auch Taten sehen, die es Italien ermöglichten, dem Flüchtlingsansturm Herr zu werden. Also blieb wenig Zeit für die Agenda »Vertiefung der Währungsunion«. Der Chef der Eurogruppe, der tüchtige portugiesische Finanzminister Ceteno, hatte vor dem Gipfel noch einen mahnenden Brief geschrieben und die »Weiterentwicklung der Bankenunion«, die Transformation des ESM zum EWF sowie die Einrichtung einer Reihe neuer Finanzierungstöpfe den Teilnehmern als eilig suggeriert.

Davon wollten die Niederländer, die sich ebenfalls vor dem Gipfel positioniert hatten, nichts wissen. Frankreich hatte zuvor den Eurohaushalt als nicht verhandelbar qualifiziert (so Finanzminister Le

Maire). Nun schaffte das Thema es nicht einmal mehr auf die Agenda der Beratung in Brüssel. Mario Draghi war extra angereist, um in seiner Funktion als Chef der Europäischen Bankenaufsicht die Letztsicherung des Abwicklungsmechanismus für Banken durch den ESM ultimativ zu fordern. Hingegen nahm er die Unwilligkeit der Nordstaaten, über eine gemeinsame europäische Einlagensicherung auch nur zu reden, mit ungläubigem Staunen zur Kenntnis. Er konterte: Die Senkung der Bankenrisiken (insbesondere in Italien) dürfe nicht von der Europäisierung der Einlagensicherung getrennt werden. Vielmehr sei ein großer Schritt in Richtung Risikosenkung schon dann getan, wenn man einen Teil der Risiken vergemeinschafte, sprich eine Einlagensicherung einbaue. Doch waren die Teilnehmer von dieser italienischen Logik nicht sehr begeistert. Alle spüren, und manche wissen, dass die italienische Kreditwirtschaft eine *Black Box* ist. Niemand kennt die Risiken, die sich hinter den Beteuerungen Draghis, die fast gleich lauten wie die Apelle des neuen italienischen Regierungschefs zur Vergemeinschaftung von Risiken, verstecken.

So wurde auf dem Gipfel die Eurogruppe lediglich damit beauftragt, die offenen Fragestellungen weiterzubearbeiten, um bei einem neuen Gipfel im Dezember Entscheidungen zu treffen. Derweil setzt die italienische Regierung alles daran, die Flüchtlingsstatistiken in ihrem Sinne zu beeinflussen. Danach kommen zwar nach wie vor viele Tausend Wirtschaftsflüchtlinge in Italien an. Doch erweisen sich die italienischen Regierungen als Meister in der Weiterversendung der auf der Apenninen-Halbinsel Gestrandeten.

Wie sähe nun Mario Draghis *Brave New World* der Währungsunion aus, um sein geliebtes Italien vor dem Druck der Märkte abzuschotten und die Währungsunion »irreversibel« zu gestalten?

Statt die historische Einsicht zu respektieren, dass bisher keine Währungsunion von großer Dauer war und ein gemeinsames Währungsgebiet mit so heterogenen Volkswirtschaften wie der EWU strukturelle Schwächen aufweist und daher Ungleichgewichte erzeugen muss, hilft nur der Griff in den Transfertopf. Das aber bedeutet die Inflationierung all jener Transferinstrumente, um die sich vergrößernden Ungleichgewichte der Eurozone durch Ausgleichszahlungen zu kompensieren.

Die Hektik in den Zentralen der EWU-Politik ist unübersehbar. Draghi und seine EZB wissen um die strukturelle Fragilität der Währungsunion und den potenziellen Krisenbeschleuniger Italien. Die EU-Kommission ist sich ebenso über die mangelnde Nachhaltigkeit ihres Metaprojektes Währungsunion bewusst. Und der nun in aller Öffentlichkeit hinsichtlich seiner Amtsfähigkeit zunehmend belächelte Kommissionspräsident Juncker will gerade aufgrund seiner unleugbaren Hinfälligkeit nicht länger als *Breschnew* der Europäischen Union gelten, sondern sich kraftvoll gegen den Trend stemmen. Dass dazu nach des Kommissionschefs Meinung eine wohlwollende Beurteilung des Aufnahmeantrags von Bulgarien für die Währungsunion gehört, lässt an Junckers Urteilskraft zweifeln. Denn bereits die mangelnde Qualität seiner Staatlichkeit macht aus Bulgarien wirklich nicht den Idealkandidaten für die EWU. Auch die große Milde, mit der Juncker über seinen Lieblingskommissar Moscovici und im trauten Einvernehmen mit Draghi die italienischen Finanzen unter Stabilitätsgesichtspunkten beurteilen lässt, belegt, wie wenig EZB und Europäische Kommission noch auf Stabilitätspolitik Wert legen.

Der Blick in den Transferkasten von *Signor Draghi* – offen und manchmal auch diskret unterstützt von der EU-Kommission – dürfte den deutschen Steuerzahler genauso wie den niederländischen Steuerzahler erschaudern lassen:

➤   Der Europäische Stabilitätsmechanismus (ESM) soll für die »Letztsicherung« des Bankenabwicklungsfonds herhalten. Dieser Bankenabwicklungsfonds (Single Resolution Fund SRF) wird nach Auskunft von Chefabwicklerin Dr. König bis 2022 circa 60 Milliarden Euro von den Banken eingesammelt haben. Da dies für die Abwicklung mehrerer Banken mittlerer Größe nicht ausreichen wird, bedarf man zur glaubwürdigen Sicherung des Bankensystems der sogenannten Letztsicherung durch den ESM. Damit meinen EZB und EU-Kommission, dass der ESM eine Art Sicherungsinfrastruktur für die Banken der Eurostaaten zur Stabilität des Eurowährungsgebietes darstellen möge. Immerhin ist der ESM bereits berechtigt, Banken direkt zu rekapitalisieren, statt Eurozonenländern mit Bankenproblemen lediglich Kredite für die Sanierung ihrer Kreditinstitute zu gewähren. Ferner solle dem ESM die Rolle zukommen, dem Single Resolution Fund einen Stand-by-Kredit für alle Fälle zu gewähren. Den europäischen Juristen stehen schon jetzt die Haare wegen der missbräuchlichen Nutzung des ESM zu Berge. Ob die Bundestagsabgeordneten einer solchen missbräuchlichen Instrumentalisierung jemals zustimmen werden, dürfte ungewiss sein. Jedenfalls müsste für die Nutzung des ESM-Topfes zunächst der ESM-Vertrag geändert werden. Dabei wäre klarzustellen, dass die deutsche Maximalhaftung – wie vom Bundesverfassungsgericht unmissverständlich postuliert – von 190 Milliarden Euro unter keinen Umständen überschritten wird. Im Übrigen darf der ESM (eine Institution der Eurozone) nicht für den EU-weiten Banken-Abwicklungsfonds (SRF) Kredite ausleihen. Dann nämlich würden Länder von Krediten profitieren, ohne jemals in den ESM eingezahlt zu haben.

➤ Da nicht alle Mitgliedstaaten der Europäischen Währungsunion über ein System der Einlagensicherung verfügen, liegt der Vorschlag der Kommission auf dem Beratungstisch, die nationalen Einlagensicherungssysteme zu vergemeinschaften. Das Irrsinnsprojekt heißt E.DIS. Es sieht vor, dass zunächst im Wege eines

Rückversicherungssystems in die Gemeinschaftshaftung einge-
stiegen wird. Reicht das jeweilige nationale Einlagensicherungssystem zur Absicherung der Anleger nicht aus, soll es die Befugnis bekommen, auf ein Europäisches Rückversicherungssystem
zurückgreifen zu können. E.DIS ist also die Einstiegsdroge in eine Gemeinschaftshaftung mit Ausmaßen, die unsere Vorstellungen sprengen. Denn die Summen, um die es hierbei geht, übertreffen um ein Vielfaches die bisher eingegangenen Risiken zur
Rettung von Irland, Zypern, Portugal und Spanien. Das Grie-
chenland-Risiko – mittlerweile durch Täuschung des Publikums
auf 2032 vertagt[73] – scheint mit circa 280 Milliarden fast eine
Petitesse. Bislang wehrt sich die deutsche Kreditwirtschaft dagegen, weil sie stolz auf die Errungenschaften ihres Einlagensicherungssystems ist und diese gegen den Zugriff Dritter verteidi-
gen will. Sie hat recht, darauf hinzuweisen, dass die Bonität eines
Einlagensicherungssystems einen wichtigen Wettbewerbspara-
meter des jeweiligen Kreditinstitutes darstellt. Bislang hat dieser
Widerstand nicht dazu geführt, dass die Kommission von ihrem
Ziel ablässt, die Haftungsfolgen für ungleiche Risiken zu verein-
heitlichen.

➤   Mit vorauseilender Zustimmung der Bundeskanzlerin sollen
    von Seiten der Europäischen Union neue Sicherungsfazilitä-
    ten geschaffen werden. Darunter ist die Befugnis der Europä-
    ischen Union, ggf. vermittelt durch den ESM, zu verstehen,
    Länder, die Liquiditätsschwierigkeiten haben, also über ei-
    nen kürzeren Zeitraum von den Märkten abgestraft werden,
    mit hohen Liquiditätskrediten zu unterstützen. Diese Fazilitä-
    ten laufen unter unterschiedlichsten Namen (Stabilisierungs-
    fazilität, Reformfazilität, Rainy Day Fund etc.). Sie haben im

---

73 Bis zu diesem Zeitpunkt werden die Darlehen Griechenlands zins- und tilgungsfrei gestellt.
    Dies kommt einem Forderungsverzicht gleich.

Unterschied zu allen bisherigen Rettungsinstrumenten nur
eins im Sinn: Ländern, die – ob selbst verschuldet oder un-
verschuldet – in ein konjunkturelles Loch gefallen sind, ohne
dass hiervon die Stabilität der Eurozone bedroht ist, vor den
Folgen der Marktsanktion zu schützen.

Angesichts der vorstehend beschriebenen Ungereimtheiten einer
Einlagensicherung ist es nicht verwunderlich, dass auch EU-affi-
ne Wissenschaftsinstitutionen und Befürworter der Währungsunion ein harsches Urteil über das Projekt eines Einlagensicherungsfonds fällen. So heißt es in einem Papier des Instituts der deutschen
Wirtschaft:[74]

> *»Die Forderung nach einem europäischen Einlagensicherungs-
> fonds ist nicht problemangemessen, sie begründet fatale Fehlan-
> reize und gefährdet so die Stabilität des Bankensystems, auf des-
> sen Stärkung sie eigentlich zielt.«*

Doch derartige Warnschüsse aus der Wissenschaft vermögen Mario
Draghi nichts anzuhaben. Da sich die Bundesregierung bisher die Po-
sition zu eigen gemacht hat, über eine Vergemeinschaftung der Einlagensicherung erst dann zu reden, wenn die Risiken in den bekannten
Problemländern massiv zurückgefahren sind, ließ der hohe Herr der
EZB die Wissenschaft entsprechend gegenteilige Behauptungen produzieren. So hat auf Draghis Geheiß eine »Forschergruppe« – ganz
überwiegend aus Angestellten der EZB rekrutiert – im April 2018
mit der kühnen Behauptung aufgewartet, dass eine europäische Ein-
lagenversicherung mit einem Zielvolumen von 0,8 Prozent der Einlagen in der Eurozone in der Lage sei, Forderungsausfälle bei jedweder

---

74 Markus Demary/Michael Hüther, Den Wettbewerb um den sichersten Einlagenvertrag nicht
    bremsen, IWF-Kurzbericht, 1.3.2016.

Größenordnung der Bankenkrise abzudecken.[75] Dass die »Forscher«
bei ihrem Auftragsgutachten zu so überraschenden Annahmen kommen, mag auch damit zusammenhängen, dass sich ihre Studien nur
auf 1675 Banken der Eurozone bezieht und damit nur 75 Prozent des
betroffenen Depositenvermögens erfasst worden sind. Davon abgesehen besticht die Studie insbesondere dadurch, dass sie die Anreiz-
wirkungen, die von einer Nivellierung des Einlagenschutzes ausgehen, überhaupt nicht problematisiert:

➤   Warum sollen Kreditinstitute in Problemländern mit den Kun-
     dengeldern vorsichtiger umgehen, wenn durch einen europäi-
     schen Einlagenfonds deren wertmäßige Integrität jederzeit si-
     chergestellt werden kann?

➤   Warum sollen Anleger den Umfang der gesicherten Einlagen als
     Wettbewerbsparameter ernst nehmen und diese mit den in Aus-
     sicht gestellten Verzinsungen und sonstigen Gratifikationen ver-
     gleichen, wenn – unabhängig von der Solidität der Einlagenpo-
     litik der betroffenen Bank – der Einlagenschutz überall egalitär
     ausgestaltet ist?

Angesichts der krassen Unterschiede zwischen Nord- und Südeu-
ropa hinsichtlich des Ausmaßes ausfallbedingter Kreditforderungen
wäre es ein nicht wieder gut zu machender Fehler der deutschen Politik, das Projekt der Einlagensicherung auch nur zu diskutieren. Besonders verwerflich an dem Auftragsgutachten von Draghis Angestellten ist, dass sie die der EZB als Aufsichtsbehörde zur Verfügung
stehenden Daten über das Ausmaß der Risiken in den einzelnen Ländern nicht bereit sind zu aggregieren oder auch nur partiell auszuwer-
ten. Somit ist das Papier, welches von Draghi als ein erster Schritt zur

---

75 ECB Occasional Papers Nr. 2008, April 2018.

europäischen Einlagensicherung gefeiert wird, nichts weiter als die propagandistische Begleitung der Einlagensicherungsmusik der Europäischen Kommission.

Es geht der EZB ausschließlich darum, bestehende Risiken nicht zu vermessen, sondern sie durch die »Solidarität« der nordeuropäischen Banken zu versichern. Hierin wird deutlich, wie sehr sich die ordnungspolitischen Leitbilder der EU von den Postulaten *Ludwig Erhards* entfernt haben. Sie nutzen den europäischen Diskurs ausschließlich dazu, um nationales Politikversagen in der Kreditwirtschaft wie bspw. in Italien, Zypern und Griechenland durch einen Versicherungsverein auf Gegenseitigkeit mit deutschem Geld zu reparieren.

Draghi kalkuliert hierbei wie ein großer Stratege. Er weiß sehr wohl: Die deutsche Politik ist nicht konfliktbereit. Das Anleihenkaufprogramm mit gegenwärtig bis zu 2,6 Billionen Euro Risiken in den Büchern der EZB und der nationalen Zentralbanken hat er gegen den Willen von Herrn Weidmann, aber mit stiller Zustimmung von Bundeskanzlerin Merkel beschließen, durchführen und fortführen können. In den Prozessen vor dem Bundesverfassungsgericht und vor dem EuGH fiel die deutsche Regierung nicht nur dem Bundesverfassungsgericht in den Rücken, sondern stützte zudem auch die Politik der EZB. Daher schätzt Draghi den deutschen Widerstand als überwindbar ein.

Diese Deutschen, so denkt Draghi, müsse man nur mit den Konsequenzen eines Zusammenbruchs der Währungsunion aufgrund des Abfalls Italiens hinreichend konfrontieren. Dann werden sie sich schon auf die italienische Spur seiner Politik führen lassen. Die dahinterstehende Methode ist einfach: Erpressung. Unausgesprochen wird damit gedroht, Deutschland dafür verantwortlich zu machen, dass das größte und irrationalste Experiment der europäischen Integration, die Währungsunion, scheitern werde. Draghi hat zwar die deutsche Öffentlichkeit nicht erreicht, ist sich allerdings des Konformismus der politischen Klasse, insbesondere seines Kollegen Weidmann, gewiss. Weidmann hatte jahrelang Gelegenheit, unter Berufung auf das Bundesverfassungsgericht und dessen Rechtsprechung, besonders das OMT-Urteil[76], sich der Durchführung der Aufkaufbeschlüsse zu verweigern. Er hätte jederzeit im Bewusstsein um die Bedeutung der Bundesbank seit 2015 sagen können: »Die Bundesbank ist nicht mehr bereit, diese Haftungsrisiken einzugehen.« Weder bei den Target-Salden noch beim PSPP- oder CSPP-Programm war mehr als verbaler Protest von Weidmann zu erwarten. Dies stärkte Draghis Entschlossenheit, die nördlichen Nachbarn – obschon wirtschaftlich bewundert und beneidet – politisch vorzuführen. Die französische Politik, verhaftet im Chauvinismus, wenn auch europäisch getarnt, half ihm gerne dabei – im eigenen Interesse. Bei jedem Treffen zwischen Merkel und Macron kam die deutsche Bundeskanzlerin ihrem »französischem Partner« in Trippelschritten entgegen.

Wie lange währt die Nachsicht der deutschen Bevölkerung mit ihren Politikern noch? Was muss noch passieren, damit endlich den deutschen Bürgern die verheerenden Folgen der bisherigen Eurorettungs- und Italien-Erlösungspolitik vor Augen geführt werden?

Die von Mario Draghi bespöttelte deutsche Angst („German Angst«) sollten die Deutschen im Verhältnis zu Draghi und den ihn stützenden Herrschaftscliquen in Rom und Paris sehr schnell ablegen. Die Deutschen als souveränes Volk und freie Bürgergesellschaft sollten die abgrundtiefe Verachtung Draghis für die berechtigten Belange

---

76 In diesem Urteil wurde die Bundesbank verpflichtet, aus Anleihenprogrammen, die ihre Eigeninteressen bedrohen, auszusteigen.

deutscher Sparer[77] mit der Bereitschaft zum unbedingten Widerstand beantworten. Dass Draghi aus der EZB eine französisch-italienische Veranstaltung gemacht hat, in der die verbliebenen Alibi-Deutschen höchstens noch Exekutanten seiner Politik sind, hängt auch damit zusammen, dass die Deutschen sich dieses Spiel aus Täuschung und Erpressung immer noch als europäische Integration vorgaukeln lassen.

Mit der italienischen Bankenkrise rückt die Stunde der Wahrheit näher. Man mag hoffen, dass die Deutschen spätestens hierdurch einen Weckruf empfangen werden und nicht länger abwarten, bis Herr Draghi Ende 2019 abtritt, sondern ihn noch vorher aus seinem Amt vertreiben werden.

---

77 Vgl. hierzu die quantitativen Belege bei: Walter Krämer, Kalte Enteignung. Wie die Euro-Rettung uns um Wohlstand und Renten bringt, Frankfurt/New York 2013.

7. Kapitel:
Die Draghi-Diktatur
als Integrationsmodell?

In einem Beitrag für eine deutsche Tageszeitung[78] hat *Miguel Otero-Iglesias* die Schwächen der Eurozone aus einem fehlenden »Verständnis von (gemeinsamem) Geld« und ihrem »Intergouvernementalismus« abgeleitet. Dieser gebe kleinen Ländern wie Finnland Gläubigervetorechte gegenüber volkreichen Nationen wie Spanien. Ein solches Prozedere sei demokratisch nicht legitim und müsse durch einen üppigen Eurohaushalt überwunden werden. Nur die von diesem zu finanzierenden »europäischen Gemeinschaftsgüter« schafften eine Identifizierung der Bürger mit der europäischen Causa.

Otero-Iglesias fordert zur Überwindung des Staatlichkeits-Defizits eine »europäische Souveränität für die Währungsunion«. Ferner nimmt er Anstoß an den undemokratischen Disparitäten des »Intergouvernementalismus« bei der Eurorettung: Die Regierung eines kleinen Landes dürfe als Gläubigervertretung einem größeren Volk keine Vorschriften machen.

Sein Postulat »europäischer Souveränität« sieht Otero-Iglesias nur in der Europäischen Zentralbank verwirklicht. Die EZB ist aber von jeg-

---

78 FAZ vom 24.3.2018.

licher demokratischen Legitimation entkoppelt und maßt sich besonders unter Draghi an, Herrin des Ausnahmezustands[79] zu sein, und
dies in einer Weise, die zum Missbrauch geradezu einlädt:

> Die EZB stellt fest, wann ein Notstand/eine Marktstörung vor-
  liegt;

> die EZB entscheidet über die zu treffenden Maßnahmen;

> die EZB beschließt über deren Befristung oder Entfristung.

Die vom Juristen *Carl Schmitt* vergötterte Staatsmacht, welche angeblich ihre Apotheose erst im Ausnahmezustand erlebe, ist selten in
der Geschichte so lupenrein vorgeführt worden wie durch die »un-
konventionelle Geldpolitik« der EZB und das Gebaren ihres Präsidenten Mario Draghi.

Der Hinweis auf das Gefahrenpotenzial von Notstandsbefugnissen,
die hinsichtlich des Tatbestands, der Befugnis und der Dauer in einer Hand liegen, sollte nicht ohne Erwähnung von *Ernst-Wolfgang
Böckenförde*[80] bleiben. Dieser forderte zwar, den Ausnahmezustand
zu regeln, bestand jedoch auf Gewaltenteilung. Nie wieder solle sich
die Staatsmacht wie der Reichspräsident gemäß Art. 48 Weimarer
Reichsverfassung Ausnahmebefugnisse selbst verleihen und über deren Inhalt sowie deren Dauer diskretionär entscheiden können.

Draghis Verhalten in den Pressekonferenzen manifestiert das Selbst-
verständnis eines souveränen Diktators, ganz im Gegensatz zum

---

79 Also Souverän im Sinne Carl Schmitts berühmtem Anfangssatz in seiner »Politischen Theo-
    logie I«.
80 Vgl. seine Antrittsvorlesung 1978 in Freiburg: »Der verdrängte Ausnahmezustand«, NJW
    1978, S. 1881 ff.

kommissarischen Diktator, also eines Inhabers von Ausnahmebefugnissen auf Zeit. Draghi zerstört mit seinem Allmachtsanspruch das Vertrauen in die Institution, und dies umso mehr, als er vor seiner Ernennung zum EZB-Präsidenten als Gouverneur der Banca d'Italia Chef der Bankenaufsicht war: Der Scherbenhaufen des italienischen Bankenwesens, den er hinterlassen hat, klagt ihn an und setzt ihn dem Verdacht aus, die EZB für das Großreinemachen in seinem Heimatland zu instrumentalisieren.

Dass Otero-Iglesias und mit ihm viele Ökonomen aus Frankreich, Italien und Spanien diese souveräne Diktatur einer demokratisch nicht legitimierten Institution wie der EZB implizit als Modell »europäischer Souveränität« sieht, ist aufschlussreich. Noch aufschlussreicher ist sein Protest gegen »undemokratisches« Gläubigerverhalten. Es gehört zur besonderen Logik der Vertreter der Mittelmeerländer, die Würde der Souveränität dann zu entdecken und die Werte der Demokratie geltend zu machen, wenn es darum geht, die Folgen einer nationalen und demokratischen Schuldenpolitik anderen Ländern – im Namen europäischer Solidarität – aufzubürden.

Die Forderung nach einer souveränen, sprich allmächtigen EZB als Allzwecktruppe für das Löschen von nationalen Bränden in den Mittelmeerländern ist so logisch wie die Forderung, die Feuerwehr nicht mit Wasser, sondern mit Benzin auszurüsten. Draghis EZB würde mit diesen Befugnissen eine Feuersbrunst auslösen. Dies wäre nicht nur das Ende der EWU. Es würde auch die Selbstabwicklung der Europäischen Union einleiten.

Nicht nur das Italien-Desaster, sondern auch der Brexit bietet die Chance, die gesamte Integrationspolitik zu überdenken. Es wäre eine Gelegenheit für die deutsche Politik, den aus Paris, Brüssel und Washington gesteuerten Vorschlägen für eine vertiefte Währungsunion fundiert entgegenzutreten. Die ungenierten Auftritte der IWF-Chefin Christine Lagarde auf deutschen Wissenschaftsplattformen[81] und der gekonnte Lobbyismus Frankreichs, vermittelt über wenige, frankreichhörige deutsche Ökonomen, verdienen eine qualifizierte Antwort. Dies geht weit über die Nachfolge von Draghi hinaus. Denn auch Herr Weidmann wird es nicht richten, weil er stets der Gesandte von Frau Merkel bliebe.

81 Vgl. https://www.achgut.com/artikel/berliner_verkaufsveranstaltung_mit_christine_lagarde

8. Kapitel:

Die Vertiefung der Währungsunion bringt das gesamte Integrationsprojekt in Gefahr

D ie Abkehr von Marktwirtschaft und Eigenhaftung bei der Vertiefung oder gar Vollendung der EWU widerspricht dem Geist und Wortlaut der Römischen Verträge und wird die EU zerreißen.

Spätestens mit dem Beginn des mittlerweile auf 2,6 Billionen Euro angewachsenen Anleihenkaufprogramms der EZB sowie der initiierten Vergemeinschaftung des Bankenabwicklungsfonds hatte die Risikovergemeinschaftung in der EWU im großen Stil eingesetzt. Was passiert, wenn nicht nur – wie unlängst bei einer von der EZB erworbenen Anleihe[82] geschehen – Anleihen, die von den nationalen Zentralbanken des Eurosystems erworben wurden, fallieren, ist nur ungenau in Art. 32 IV der EZB-Satzung beschrieben. Jedenfalls schließt das Bundesverfassungsgericht in seinem Vorlagebeschluss zum EuGH eine Haftungserstreckung einer überschuldeten Zentralbank durch Auslösung seitens des Eurosystems nicht aus. Unmittelbar fühlbar ist die Haftungsvergemeinschaftung im ökonomischen Sinn bereits jetzt: Die Sparer, unter ihnen besonders diejenigen, die für das Alter vorsorgen wollen, werden mit Nullzinsen und Inflation der Ver-

---

82 So bei der von der EZB erworbenen Anleihe des Unternehmens Steinhoff.

mögenspreise – besonders der Immobilienpreise – in Deutschland
bestraft. Ähnliches gilt für Lebensversicherungen und Bausparver-
träge sowie für alle betrieblichen Altersvorsorgesysteme. Sie alle tragen zur Verbilligung der Kreditfinanzierung der Eurostaaten durch
Verzicht auf Erträge und Verlust von Vermögen bei. Ist diese Vergemeinschaftung von bereits gigantischen Ausmaßen Herrn Draghi
noch nicht genug?

Die Frage stellt sich deshalb so eindringlich, weil die von dieser
Gunst existenziell profitierenden und zunehmend abhängigen Staaten wie Frankreich, Italien, Spanien und Portugal, ganz zu schweigen von Griechenland, nur sehr unterschiedlich die Gesundung ihrer
öffentlichen Finanzen vorangetrieben haben. Portugal hat sich vor-
bildlich angestrengt, Spanien hat seinen Bürgern Austerität im wahrsten Sinne des Wortes auferlegt. Aber die französische Fiskalpolitik
– trotz eines französischen Kommissars in Brüssel – hat nur kosmeti-
sche Änderungen ihrer Ausgabenstruktur vorgenommen. Und Italien
– eigentlich ein Kandidat für ein ESM-Sanierungsprogramm – nimmt
sogar entgegen der Fiskalregeln neue Schulden auf, um Groß- und
Regionalbanken zu retten, statt sie gemäß der EU-Bankenabwick-
lungsrichtlinie zu liquidieren.

Fragt man danach, wie es zu dieser Politik offener und kaschierter
Haftungserstreckung gekommen ist, so ist die Antwort einfach: Herr-
schaft und Haftung sind entkoppelt worden. Schlagendes Beispiel
ist die von Hans-Werner Sinn kritisierte Stimmrechtsverteilung im
EZB-Rat. Solange Deutschland und die Niederlande hier über so viel
Stimmen wie Zypern und Malta verfügen, lässt man den Präsidenten
der Bundesbank bei seiner Kritik an der Politik der EZB in der Öffentlichkeit gewähren. Eine Reform der Eurozone müsste daher die
Stimmgewichtung im EZB-Rat der Haftung der Mitgliedsländer an-
passen. Die sollte auch für die Abstimmungen im Single Resolution
Fund gelten. Andernfalls werden Zombie-Banken in Zypern mit Res-

sourcen aus den niederländischen Restrukturierungsfonds und gegen den Willen der Niederländer saniert.

Beim ESM, der mit Cash und Kapitalabrufen von insgesamt 700 Milliarden Euro dotiert ist und bis zu 500 Milliarden Euro an Krisenstaaten (davon 50 Milliarden an Krisenbanken) ausleihen kann, gilt indessen noch der Konnex von Stimmmacht und Haftung. Da somit Deutschland ein Vetorecht zukommt, soll der ESM nach französisch-italienischen Vorstellungen zum Währungsfonds umgebaut werden, und zwar aus einem Grund: Damit das deutsche Vetorecht entfalle und der Bundestag nicht mehr gehört werde.

Auf diese Weise würde der ESM nach seiner Umtaufung in »Europäischer Währungsfonds« endgültig zu einem »Selbstbedienungsladen« für Eurostaaten mit fiskalischer Schieflage und Krisenbanken. Hieran sieht man, dass Risikoteilung und Marktdisziplin nicht vereinbar sind. Schon jetzt ist im Übrigen die unkontrollierte Refinanzierungspolitik des ESM mit Yen- und Dollar-Anleihen unter Governance- und Haftungsgesichtspunkten problematisch.

Die EZB-Politik des Mario Draghi hat die Disziplinierung der Eurostaaten bei ihrer Fiskalpolitik suspendiert oder zumindest relativiert. Die Folgen – jedenfalls bei Italien und Frankreich – sind greifbar: Weder der Fiskalvertrag mit Vorgaben zum strukturellen Defizit noch die Verschuldungskoeffizienten des Stabilitätspaktes werden eingehalten. Im Gegenteil: Der Präsident der EU-Kommission ermuntert seinen Kollegen Moscovici, nicht einzuschreiten, weil »Frankreich halt Frankreich sei«. Die Generaldirektion Wettbewerb der EU-Kommission genehmigt sogar entgegen der Vorschriften zur Bankenunion und zur Beihilfe die Rekapitalisierung der italienischen Krisenbanken und die dazu erforderliche Aufnahme von Fremdmitteln durch die italienische Regierung.

Warum Kommission und EZB sich gerade angesichts der hausge-
macht unterschiedlichen Bonität der europäischen Banken für eine
einheitliche Einlagensicherung aussprechen, entbehrt jeder markt-
wirtschaftlichen Ratio. Wie kann zu einem Zeitpunkt, zu dem selbst
die EZB als Bankenaufsicht eine Wertberichtigung aller notleidenden
Forderungen in italienischen Banken verlangt, für alle Banken und
sämtliche Geschäftsmodelle eine einheitliche Einlagensicherung als
»konstruktiver Vorschlag« zur Reform des Euro-Raums überhaupt
diskutiert werden? Jedwede einheitliche und damit vergemeinschaf-
tete Einlagensicherung ist eine unwiderstehliche Verlockung für unseriöse Banken und ggf. ebenso unseriöse Anleger.

Angesichts des Verfalls der EU als Rechtsgemeinschaft ist nicht nachvollziehbar, warum die Vertiefungsvorschläge das bestehende System
von Fiskalregeln durch ein langfristiges Schuldenabbauziel ersetzen
wollen. Dass dieser »langfristige Schuldenabbau« durch »nationale
Fiskalräte« überwacht werden soll, würde die Einhaltung der Fiskalregeln endgültig zu einem »Heimspiel« machen: Der *Haut Conseil
des Finances Publiques*, geschaffen in Frankreich infolge des Fiskal-
vertrages, besteht aus fachlich überwiegend versiertem Personal, das
indessen nie die Regierungspolitik kritisiert hat und diese auch in Zukunft nicht kritisieren wird. Die Renationalisierung der Fiskalüber-
wachung kommt also ihrer endgültigen Aufgabe gleich.

Gewiss wäre es prinzipiell sinnvoll, den Kauf von Staatsanleihen mit
Eigenkapital zu unterlegen, weil damit ggf. der Konnex von Staatsverschuldung und Bankenrisiken relativiert würde. Aber selbst wenn
man eine solche Entkopplung politisch trotz der tradierten Kollusion zwischen italienischen Banken und dem italienischen Schatzamt
für durchsetzbar hält, ergibt sich hieraus nicht notwendigerweise die
Notwendigkeit einer einheitlichen Einlagensicherung in der Eurozone. Im Gegenteil: Die Anleger sollen zwischen den Banken anhand
ihrer Geschäftsmodelle und der nationalen Einlagensicherungssyste-

me eine Auswahl treffen, statt bei jeder Bank dieselbe Einlagengarantie zu erhalten und damit bis zur Höhe der versicherten Spareinlage keinerlei Risiko zu tragen.

Die Schaffung eines Rahmens für ein Staatsinsolvenz- oder Restrukturierungsverfahren stellt eine rechtspolitische Forderung dar, die kein Allheilmittel ist und Italien nicht retten wird. Sie liegt seit dem IWF-Vorschlag für ein *Sovereign Debt Restructuring Mechanism* des IWF 2003 auf dem Tisch der akademischen Diskussion,[83] konnte indessen bislang nirgendwo implementiert werden. Denn bislang war kein Staat bereit, den dazu notwendigen völkerrechtlichen Vertrag einschließlich der Unterwerfung unter eine Insolvenz vollstreckende Behörde zu unterzeichnen. Die Wiederholung des Vorschlags im Rahmen der Vertiefungsdiskussion ändert nichts an der Chancenlosigkeit seiner Verwirklichung. Daher wäre auch die Forderung einer nicht nur in Italien diskutierten automatischen Laufzeitverlängerung von Anleihen für insolvente Staatsgläubiger ein Postulat gegen Markt und Wirklichkeit. Welchem Staatsschuldner eine Laufzeitverlängerung gewährt wird, muss jeder Gläubiger selbst entscheiden. Dabei kann es auch zu sogenannten *Hold-outs* kommen, die sich im Falle Argentiniens für die italienischen Gläubiger als vorteilhaft erwiesen haben.

➤ Für einen *Rainy Day Fund* gibt es überhaupt keine Veranlassung. Der in diesem Zusammenhang häufig angeführte Fall der in Finnland durch die Nokia-Krise verursachten Rezession hat sich selbst gelöst. Die Einführung weiterer Fonds würde nur Anreize schaffen, sich länderseitig in eine Situation zu begeben, die die Beanspruchung derartiger Gemeinschaftsmittel – deren Rückzahlung fraglich ist – ermöglicht.

---

83 Vgl. Markus C. Kerber, Souveränität und Konkurs, Berlin 2005.

➤ Auch das Postulat eines Euro Area Safe Asset – von *Brunner-meier u. a.* erstmals in die Diskussion eingeführt[84] – scheint wenig durchdacht zu sein. Die Vorstellung, dass Unternehmen des Finanzsektors ein »standardisiertes, diversifiziertes Portfolio von Staatsanleihen erwerben und dieses als Sicherheit für ein Wertpapier verwenden, das in vorrangigen und nachrangigen Tranchen an den Markt gebracht wird«, ignoriert die Mechanik des Kapitalmarktes. Ein privater Investor wird sich an einer solchen Emission nicht ohne Garantenhaftung von EZB oder ESM beteiligen wollen. Sollte aber der ESM für die Emission derartiger Papiere ausersehen sein, so würde dies seine satzungsmäßigen Befugnisse überschreiten.

Alle Vorschläge von Junckers EU-Kommission und Draghis EZB zur Vertiefung der EWU sind geeignet, die Grundlagen der EU zu sprengen und die ordnungspolitischen Bedingungen der deutschen Zustimmung zu diesem Projekt definitiv zu beseitigen. Der Euro ist nicht die raison d'être der EU. Für seine Rettung, Fortführung und »Vollendung« ist es nicht statthaft, das gesamte Haftungskonzept der EWU (Art. 125 AEUV) aus den Angeln zu heben und den Wettbewerb auf den Kapitalmärkten – das Credo der Gemeinschaft – ins Abseits zu schicken.

Zurück zum Helden unserer Abhandlung, EZB-Präsident Mario Draghi, dem mächtigsten Finanzpolitiker Europas, dem Gebieter der Geldpolitik, dem Herrscher über die Banken, der seine Machtfülle dem deutschen Machtverzicht verdankt. Wird es ihm wie bisher gelingen, den Deutschen die Rettung der italienischen Banken als das Gebot europäischer Tugend zu verkaufen? Die mangelnde Konfliktbereitschaft der deutschen Politiker spricht dafür. Die deut-

---

84 Markus K. Brunnermeier/Harold James/Jean-Pierre Landau, The Euro and the Battle of Ideas, Princeton 2016 S. 221 ff.

schen Interessen sprechen dagegen. Bislang hatte Draghi kommunikative Schwierigkeiten, mit seiner Kombination aus Nullzinspolitik und Anleihenkäufen beim deutschen Publikum anzukommen. Trotz aufwendiger Öffentlichkeitsarbeit entglitt ihm in einem Interview der Satz von der »perversen Angst der Deutschen«. Ein Fehltritt, den der kluge Mann bald bedauerte.

Wenn sich die deutsche Politikerklasse von Draghi, Juncker & Co. den Einstieg in die – wie immer geartete – Übernahme der italienischen Bankenrisiken im Namen Europas aufschwatzen ließe, wäre der geeignete Zeitpunkt gekommen, die Verschwörung gegen die Bürger Deutschlands endlich beim Namen zu nennen. Nichts wäre passender, die Bürgerrevolte damit zu beginnen, Signor Draghi zuzurufen: »Wir Deutschen haben keine Angst!«

Zivilcourage ist die Voraussetzung zum Widerstand. Der Appell an den Bürgermut ist in der Geschichte häufig der Auftakt zu einem Umsturz. Karol Wojtyla, Papst Johannes Paul II, betrat nach seiner Wahl den Balkon des Vatikans mit den Worten: »Habt keine Angst!«[85] Seine Worte waren insbesondere an seine polnischen Landsleute, die unter dem Kommunismus darbten, gerichtet. Der polnische Widerstand gab nicht auf, sondern fing seitdem erst richtig an.

Jawohl, wir Deutschen sollten Herrn Draghi alsbald zurufen: »Wir haben keine Angst!« Keine Angst, gegen die kalte Enteignung durch seine Geldpolitik zu protestieren, keine Angst, die Haftung für italienische Banken abzulehnen, und schließlich auch keine Angst, das Abenteuer namens Euro zu beenden, wann wir es wollen.

---

85 Seine Worte lauteten: »Non avete paura!«

ANLAGEN

1. Kurzlexikon von Bankenunion und Bankenkrise

ESM: European Stability Mechanism – Europäischer Stabilitätsmechanismus

Der ESM ist eine zwischenstaatliche Finanzierungsinstitution mit Sitz in Luxemburg. Er wurde durch einen am 27. September 2012 in Kraft getretenen völkerrechtlichen Vertrag und in Reaktion auf die Finanz- und Staatsschuldenkrise als permanenter Krisenbewältigungsmechanismus gegründet. Seine operative Arbeit nahm er im Oktober 2012 auf. Aufgabe des ESM ist, die Zahlungsfähigkeit der Euro-Länder bei zeitweiligen Finanzierungsproblemen zu sichern, wenn dies zur Sicherung der Stabilität der Eurozone insgesamt unabdingbar ist. Er kann dazu Instrumente wie die Vergabe von Krediten oder den Ankauf von Staatsanleihen einsetzen. Er verfügt über ein Stammkapital von 700 Milliarden Euro. Die Vergabe von Mitteln ist an wirtschaftspolitische Auflagen gebunden (sog. Konditionalität).

BRRD: Bank Recovery and Resolution Directive – Richtlinie zur Abwicklung und Sanierung von Kreditinstituten

Die BRRD wurde im Mai 2014 vom Europäischen Parlament und dem Rat beschlossen und regelt, wie Kreditinstitute im Europäischen Wirtschaftsraum saniert und abgewickelt werden müssen. Diese Richtlinie schreibt vor, dass bei Scheitern einer Bank in der Regel zunächst deren Eigentümer und Gläubiger die Risiken und Verluste tragen müssen und erst danach der von der gesamten Bankenindustrie finanzierte Abwicklungsfonds (→Single Resolution Fund, SRF) herangezogen wird. Dieses sogenannte →Bail-in der Gläubiger soll sicherstellen, dass auch für Kreditinstitute wieder das marktwirtschaftliche Prinzip der Haftung für eigene Verluste gilt. Die in der BRRD niedergelegten Regeln für die »Haftungskaskade« sind komplex, im Extremfall können staatliche Institutionen weiterhin an der Sanierung oder Abwicklung eines Instituts finanziell beteiligt werden.

SSM: Single Supervisory Mechanism – Einheitlicher Bankenaufsichtsmechanismus

Der SSM ist das für die Bankenaufsicht zuständige Element der Europäischen Bankenunion (1. Säule). Der SSM stellt die Großbanken der teilnehmenden Länder unter die direkte Aufsicht der Europäischen Zentralbank (EZB). Zu den teilnehmenden Ländern zählen alle Euro-Länder und darüber hinaus jene EU-Staaten, die freiwillig am SSM teilnehmen. Der SSM beaufsichtigt von November 2014 an die rund 120 »bedeutenden« Kreditinstitute in den Teilnehmerländern direkt; auf diese Institute entfallen mehr als 80 Prozent der Bilanzsumme aller beaufsichtigten Kreditinstitute. Gegen den SSM wurde am 21.07.2014 → Verfassungsbeschwerde eingereicht. Gerügt wird der SSM als → *Ultra-vires*-Akt.

SRM: Single Resolution Mechanism – Einheitlicher Abwicklungsmechanismus

Der SRM stellt die sogenannte Zweite Säule der Europäischen Bankenunion dar und ist für die Sanierung und Abwicklung von Kreditinstituten zuständig. Durch den SRM wurden die institutionellen und finanziellen Voraussetzungen für die Anwendung der →BRRD-Richtlinie auf europäischer Ebene in Form eines einheitlichen Abwicklungsausschusses (→ *Single Resolution Board*, SRB) in der Rechtsform einer EU-Agentur und eines einheitlichen Abwicklungsfonds (→ *Single Resolution Fund*, SRF) geschaffen. Der SRM soll einen Rahmen für die geordnete Abwicklung von Banken, die in Schieflage geraten sind, auch über nationale Grenzen hinweg schaffen. Auch gegen den SRM wurde am 21.07.2014 → Verfassungsbeschwerde (Text in: Markus C. Kerber, Positionen und Argumente im Kampf mit Brüssel, Luxemburg und Berlin 2003–2017, Marburg 2017, S. 120–171) eingereicht.

SRB: Single Resolution Board – Einheitlicher Abwicklungsausschuss

Der Einheitliche Abwicklungsausschuss (SRB) ist der Manager des → SRM und des → SRF und die für die Abwicklung maroder Banken zuständige EU-Agentur der Europäischen Bankenunion mit Sitz in Luxemburg. Der SRB soll sicherstellen, dass insolvenzbedrohte Finanzinstitute mit möglichst geringen Auswirkungen auf die Realwirtschaft und die öffentlichen Finanzen der teilnehmenden EU-Länder und anderer Länder abgewickelt werden können.

SRF: Single Resolution Fund – Einheitlicher Abwicklungsfonds

Die Zielausstattung des Fonds soll 1 Prozent der gedeckten Einlagen aller in den Mitgliedstaaten zugelassenen Institute betragen (circa 55 Milliarden EUR) und bis zum 31.12. 2023 erreicht werden. Der Fonds wird durch Bankenabgaben finanziert. Die Vereinbarung über die Einzahlung der nationalen Beiträge erfolgte auf Grundlage eines völkerrechtlichen Vertrages zwischen den an der Bankenunion beteiligten Mitgliedstaaten. Mit der Einrichtung des SRF ist die Absicht verbunden, dass primär Anteilseigner und Gläubiger – zum

Beispiel über ein →Bail-in – die Lasten von Bankpleiten tragen und nicht die Steuerzahler.

EBA: European Banking Authority – Europäische Bankenaufsichtsbehörde

Die Europäische Bankenaufsichtsbehörde ist eine 2011 gegründete EU-Agentur mit Sitz in London (demnächst in Paris). Zu ihren Aufgaben zählen insbesondere Normempfehlungen für die EU-Bankenaufsicht (*Soft Law*), die Entwicklung eines einheitlichen Aufsichtshandbuchs sowie die Durchführung von Stresstests.

EDIS: European Deposit Insurance System – Europäische Einlagensicherung

EDIS soll die dritte Säule der Bankenunion bilden. Am 24. November 2015 hat die Europäische Kommission einen Verordnungsentwurf zur Schaffung einer europäischen Einlagensicherung vorgelegt, der eine Vergemeinschaftung der Einlagensicherung bis zum Jahr 2024 vorsah. Momentan scheitert eine Zustimmung der Bundesrepublik Deutschlands an **erheblichen rechtlichen und sachlichen Bedenken seitens der Bundesregierung, der Deutschen Bundesbank und der Deutschen Kreditwirtschaft** gegen den Verordnungsentwurf der Europäischen Kommission. Wesentlicher Kritikpunkt ist, dass vor der Einführung einer gemeinsamen Einlagensicherung zuerst die Risiken in den Bankenbilanzen von Ländern wie Italien reduziert werden müssten.

CDS: Credit Default Swap (dt. auch »Kreditausfall-Swap«)

Ein CDS ist ein zweiseitiger Vertrag, mit dessen Hilfe sich Anleihegläubiger gegen das Ausfallrisiko des Anleiheemittenten versichern können. Der Verkäufer des CDS verspricht dem Käufer gegen eine Prämie, für eine festgelegte Frist im Falle eines Zahlungsausfalls des Emittenten eine Ausgleichszahlung zu leisten. An der Höhe der CDS-Prämie lässt sich das aktuell vom Markt eingeschätzte Ausfallrisiko des Emittenten ablesen.

BIP: Bruttoinlandsprodukt

Das BIP gibt den Gesamtwert aller **Güter**, d. h. **Waren** und **Dienstleistungen** an, die während eines Jahres innerhalb der Landesgrenzen einer Volkswirtschaft als Endprodukte hergestellt wurden, nach Abzug aller Vorleistungen.

Defizitquote

Die Defizitquote bezeichnet das prozentuale Verhältnis des **Defizits** der **öffentlichen Haushalte** eines Staates (Bund, Länder, Kommunen, Sozialversicherung) zum nominalen **Bruttoinlandsprodukt** dieses Staates. Die Defizitquote wird meist auf Jahresbasis ermittelt. Die Defizitquote darf laut Maastricht-Vertrag den Grenzwert von 3 Prozent nicht überschreiten, um übermäßige staatliche Defizite zu vermeiden.

Verschuldungsquote

Mit der Verschuldungsquote wird der Anteil des Schuldenstandes an den Gesamtausgaben des Staatshaushaltes bzw. am Bruttoinlandsprodukt gemessen.

Spread (von englisch *spread*: Spanne)

Als Spread wird in der Börsensprache ganz allgemein eine Preisdifferenz bezeichnet. Im Wertpapierhandel wird darunter eine Differenz zwischen dem Kauf- und Verkaufskurs, den ein Händler zu einem bestimmten Zeitpunkt für ein Wertpapier stellt, verstanden. Bei Staatsanleihen wird mit dem Spread der Unterschied zwischen den Konditionen gemessen, zu denen sich zum Beispiel Deutschland und Italien Geld am Kapitalmarkt leihen können. Ein »Spread« von 100 Basispunkten würde beispielsweise bedeuten, dass Deutschland dafür 1 Prozent Zinsen zahlen müsste, während es für Italien 2 Prozent sind.

Kernkapitalquote

Die Kernkapitalquote ist eine Kennzahl für die Kapitalstruktur von Kreditinstituten. Sie ergibt sich, indem man das **Kernkapital** durch die Summe der Risikoaktiva des Kreditinstituts (das sind gewährte Kundenkredite) dividiert. Damit spiegelt die Quote inhaltlich den Anteil an Risikopositionen in der Bilanz wider, der durch Eigenmittel gedeckt ist.

Investment Grade Anleihen

Investment Grade Anleihen sind sämtliche (staatliche oder private) Anleihen, die mit mindestens einer Bonitätsnote (Rating) von BBB versehen sind.

Niederstwertprinzip

Das Niederstwertprinzip ist ein Bewertungsverfahren aus dem Handelsrecht (§ 253 HGB) und ein Grundsatz der ordnungsgemäßen Buchführung, der bei der Aufstellung einer Unternehmensbilanz zu beachten ist. Das Niederstwertprinzip resultiert aus dem Vorsichtsprinzip und bezieht sich ausschließlich auf die Folgebewertung von Vermögensgegenständen und Schulden, die beim Zugang mit den Anschaffungs- oder Herstellungskosten (Erfüllungsbetrag) bewertet wurden.

Integrationsverantwortung

Die Integrationsverantwortung ist ein vom Bundesverfassungsgericht aus Art. 23 Abs. 1 Satz 1 GG abgeleiteter Grundsatz. Hiernach sind die Bundesregierung und der Bundestag verpflichtet, die Unionsorgane dahingehend zu überwachen, ob im Rahmen konkreter europäischer Rechtssetzungsakte die Grenzen der Ermächtigungen eingehalten werden. Dies betrifft in erster Linie das Prinzip der begrenzten Einzelermächtigung nach Art. 5 Abs. 1 Satz 1 EUV, wonach EU-Organe nur dann **Rechtsnormen erlassen** dürfen, wenn sie durch die EU-Verträge (EUV, AEUV) dazu explizit ermächtigt sind. Verstöße gegen die Integrationsverantwortung können mit der Verfassungsbeschwerde gerügt werden.

Ultra-vires-Akt

Ein *Ultra-vires*-Akt wird vom Bundesverfassungsgericht angenommen, wenn Handlungen europäischer Organe und Einrichtungen außerhalb der ihnen übertragenen Kompetenzen ergangen sind. Dabei muss das Handeln der Unionsgewalt offensichtlich sein und der streitgegenständliche Akt im Kompetenzgefüge zwischen Mitgliedstaaten und Union im Hinblick auf das Prinzip der begrenzten Einzelermächtigung und die rechtsstaatliche Gesetzbindung erheblich ins Gewicht fallen.

Bail-in

Mit dem Bail-in wird die Haftung für Zahlungsverbindlichkeiten über die Aktionäre hinaus auf die Gläubiger erstreckt.

Verfassungsbeschwerde gegen die Bankenunion

Von einer Gruppe von Beschwerdeführern unter Prozessvertretung des Autors eingereichte Verfassungsbeschwerde vom 23.07.2014 (Text in: Markus C. Kerber, Positionen und Argumente im Kampf mit Brüssel, Luxemburg und Berlin 2003–2017, Marburg 2017, S. 120–171), in der die im Rahmen der Bankenunion ergangenen Rechtssetzungsakte (→SSM, →SRM) als → *Ultra-vires*-Akte qualifiziert werden. Aus Sicht der Beschwerdeführer verfügt die Europäische Union innerhalb der Primärverträge (EUV, AEUV) über keine Kompetenz zur Übertragung der Bankenaufsicht und Bankenabwicklung. Der Zweite Senat des Bundesverfassungsgerichts wird am 27.11.2018 über die Verfassungsbeschwerde öffentlich verhandeln.

2. Der Tod eines Bankers

Tod eins Bankers – arte | programm.ARD.de

Tod eines Bankers

Der Skandal um die älteste Bank der Welt –
Thema: Geld regiert die Welt| arte

Am 6. März 2013 stürzte David Rossi, der Pressechef der Banca
Monte dei Paschi di Siena, aus dem Fenster seines Büros. Selbstmord
oder Mord? In der Dokumentation werden der Fall Rossi und mögliche Verbindungen zu den dubiosen Geschäften der ältesten Bank
der Welt untersucht. Das Geldinstitut sitzt inzwischen auf faulen
Krediten in Milliardenhöhe – eine erhebliche Gefahr für das europäische Finanzsystem.

Dienstag, 12.12.18
21:50 – 22:45 Uhr (55 Min.)
55 Min. – arte

Stab und Besetzung

Regie	Moritz Enders
	Ingolf Gritschneder
Drehbuch	Moritz Enders

David Rossi starb am 6. März 2013. Sein Körper schlug gegen acht
Uhr abends auf dem Pflaster vor dem Sitz der ältesten Bank der Welt,
der Banca Monte dei Paschi di Siena, auf. Eine Videokamera doku-

mentierte den tödlichen Sturz. Selbstmord oder Mord? Die Umstände seines Todes sind bis heute ebenso wenig aufgeklärt wie die Frage,
was Kommunikationschef David Rossi über die dubiosen Finanz-
aktivitäten des Geldhauses wusste. Fest steht, dass er nur zwei Tage
vorher angekündigt hatte, mit der Staatsanwaltschaft über Interna
sprechen zu wollen. Zu einem Zeitpunkt, als sich die Situation der
Krisenbank nochmals dramatisch zugespitzt hatte. Das Geldhaus
Monte dei Paschi ist seitdem Sinnbild einer vor sich hin schwelenden
Bankenkrise, nicht nur in Italien. Allein die italienischen Geldhäu-
ser sitzen – nach offizieller Lesart – auf einem Berg aus faulen Krediten im Wert von über 300 Milliarden Euro. Die Vereinbarungen zur
Abwicklung maroder Banken in der Eurozone – seit 2016 eigentlich
in Kraft – werden regelmäßig unterlaufen, nach Einschätzung von
Experten ein erhebliches Risiko für das europäische Finanzsystem.
Die Dokumentation untersucht im Stil eines Krimis die Ursachen für
den Niedergang der Banca Monte dei Paschi di Siena. Sie themati-
siert darüber hinaus mögliche gravierende Versäumnisse der italienischen Bankenaufsicht, für die auch Mario Draghi als einstiger Gouverneur der Banca d'Italia mitverantwortlich wäre. Die Spurensuche
führt vom beschaulichen Siena bis ins Finanzzentrum London, wo
kurz nach Rossis Tod ein weiterer Banker auf mysteriöse Weise ums
Leben kam.

Thema: Geld regiert die Welt

Fehlspekulationen, riskanter Derivatehandel und Geldwäsche. Nicht
erst seit dem Zusammenbruch der amerikanischen Investmentbank
Lehman Brothers im September 2008 und der darauf folgenden
weltweiten Finanz- und Wirtschaftskrise wissen wir: Geld regiert die
Welt.

THEMA wirft einen exklusiven Blick hinter die Kulissen der größten
Bank Europas. Die international agierende Großbank mit asiatischen

Wurzeln spielt eine entscheidende Rolle beim globalen Steuerskandal, den Panama Papers. HSBC, eine Skandalbank, die über dem Gesetz steht? »Too big to jail«, wie manche behaupten?

Doch fragwürdige Geschäftspraktiken ziehen sich durch den gesamten Bankensektor. Der Finanzthriller »Tod eines Bankers« beleuchtet den vermeintlichen Suizid von David Rossi, Kommunikationschef der italienischen Monte dei Paschi. Die älteste Bank der Welt hatte jahrelang ihre Bilanzen gefälscht und wurde so zur Gefahr für das europäische Finanzsystem. Was wusste David Rossi davon? Ist sein Tod etwa nur die Spitze des Eisbergs eines Finanzskandals?

Im letzten Film des Abends widmet sich ARTE den Ländern, die in Europa von der Finanz- und Wirtschaftskrise besonders hart getroffen wurden und nun zur Sanierung der Staatshaushalte gezwungen werden, ihre Wasserversorgung zu privatisieren. THEMA folgt der Spur des Geldes quer durch den Kontinent, beleuchtet die Interessen der Unternehmen, die bis in die oberste Entscheidungsebene der EU verhandelt werden, und offenbart den verborgenen Kampf um die überlebenswichtigste Ressource überhaupt.

Programm.ARD.de © rbb| ARD Play-Out-Center || 26.07.2018

3. Die größte Wettbewerbsverfälschung in der Geschichte der EU

Bei der mündlichen Verhandlung über die Rechtmäßigkeit des EZB-Anleihenkaufprogramms am 10.7.2018 im Europäischen Gerichtshof glänzte EZB- Chef Draghi durch Abwesenheit. Er fühlt sich niemandem gegenüber rechenschaftspflichtig. Das nachstehende Plädoyer eines Prozessbevollmächtigten hätte ihm ggf. zu denken gegeben:

Luxemburg, den 10.07.2018

Plädoyer in der Rechtssache C-493/17:
Die größte Wettbewerbsverfälschung in der Geschichte der EU

Im Mittelpunkt meiner Darlegungen steht die Erklärung der EZB vom 30.11.2017. Sie enthält tatsächliche Entstellungen und versucht, im Wege der Fehlinterpretation des Urteils (OMT) vom 16. Juni 2015 den EuGH in der laufenden Rechtssache von einer sachgemäßen Beantwortung abzuhalten.

1. Die Unvergleichbarkeit von OMT und PSPP bzw. CSPP

In rechtlicher Hinsicht ist den Darlegungen der EZB bereits deshalb entgegenzutreten, weil sie für sich in Anspruch nehmen, das vorzitierte Urteil des Europäischen Gerichtshofs (»OMT« vom 16.06.2015) eins zu eins auf den vorliegenden Fall zu übertragen.

Dies ist bereits aus tatsächlichen Gründen nicht möglich. Denn das OMT-Programm ist nie angewandt worden:

➤ seine Wirkungen waren also allein deklaratorischer Art;
➤ die Aufkaufvolumina wären geringer gewesen und auf ein bestimmtes Segment der Staatsanleihen beschränkt geblieben (zwei bis vier Jahre Laufzeit)

➤ und die hiervon begünstigten Staaten hätten sich vorab einem
Ländersanierungsprogramm unterwerfen müssen.[86]

Die Ausführungen des Europäischen Gerichtshofs zur Sicherstellung
des mit Art. 123 Abs. 1 AEUV verfolgten Verbots der monetären Finanzierung stellen ganz und gar darauf ab, dass die Wirtschaftsteil-
nehmer aufgrund des Aufkaufprogramms der EZB keine Gewissheit haben dürfen, die am Primär- oder Sekundärmarkt erworbenen
(Staats-)Anleihen risikolos an das Eurosystem weiterzureichen.

Die Erklärung der EZB zitiert expressis verbis diese Passage des
OMT-Urteils[87], ohne indessen die Unvergleichbarkeit der beiden
Sachverhalte bei der Interpretation des OMT-Urteils des EuGH
vom 16.06.2015 zu berücksichtigen. Denn beim OMT-Programm
sind die zu erwerbenden Volumina potentiell unbegrenzt – noch dazu in einem bestimmten, engen Marktsegment. Außerdem geht dem
Erwerb die vorherige Verpflichtung zur Teilnahme an einem Sanie-
rungsprogramm voraus. Angesichts dieser Tatsachenlage gelten für
die Frage des risikolosen Anleihenerwerbs durch Marktteilnehmer
völlig andere Zulässigkeitskriterien, als dies für das PSPP-Programm
der Fall ist.

Das PSPP-Programm gilt für alle Mitgliedstaaten der Währungsunion
(mit Ausnahme von Zypern und Griechenland). Es wurde quantitativ
ständig an die verfügbare Masse an Papieren angepasst. Es betrifft mittlerweile zusammen mit dem CSPP ein Anleihenvolumen von aggregiert
circa 2,6 Billionen Euro und ist zeitlich entfristet.[88] Insbesondere dieses
Open-end-Prinzip, das die EZB noch in ihrer letzten Entscheidung des

---

86 Ebenso Erklärung der Europäischen Kommission vom 29.11.2017, Rz. 32 ff.
87 Vgl. Seite 30 der Erklärung unter Hinweis auf Rdz. 84.
88 Vgl. die Entscheidung des EZB Rates vom 14.6.2018 https://www.ecb.europa.eu/press/pr/
    date/2018/html/ecb.mp180614.en.html

geldpolitischen Rats der EZB bekräftigt hat, gibt den Wirtschaftsteilneh-
mern in den genannten Segmenten des Anleihenmarktes die Gewissheit eines andauernden, anhaltenden, großvolumigen Kaufs von bis zu
33 Prozent der Emissionen bei Staatsanleihen und bis zu 50 Prozent
bei supranationalen Organisationen. Unternehmensanleihen können
sogar auf dem Primärmarkt mit bis zu 70 Prozent einer Emission vom
Eurosystem gezeichnet werden. Die faktische Gewissheit der Weiter-
verkäuflichkeit gilt umso mehr angesichts der permanenten Markt-
präsenz eines Großinvestors, der wie EZB und NZB des Eurosystems
Geld schöpfen kann, also kein Marktteilnehmer mit begrenzten Ressourcen ist.

Wer im Kapitalmarktgeschäft zu Hause ist, weiß, wie die Ankündi-
gung eines Großinvestors wirkt, er würde einen Teil einer zu platzie-
renden Anleihe übernehmen. Hierdurch wächst zum einen die Plat-
zierungsgewissheit und sinkt zum anderen in der Regel der Preis in
Gestalt des Zinses.

Die Behauptung der EZB, durch die Stillhaltefrist könne sich bis zum
Erwerb der Anleihe auf dem Sekundärmarkt ein Marktpreis bilden,
führt in die Irre. Denn schon die Zeichnung der Anleihe am Primärmarkt erfolgt in der Gewissheit, mit dem Eurosystem auf dem Sekundärmarkt einen nachhaltigen, großvolumigen Käufer zu finden, der
grenzenlos liquide ist und seine Aufkaufpolitik nach dem Open-end-
Prinzip zeitlich entfristet hat. Bereits die Preisbildung auf dem Primärmarkt ist also durch die großvolumigen Kaufabsichten des Eurosystems für den Sekundärmarkt gravierend verfälscht. Im Übrigen
gibt die EZB selbst zu, dass die Stillhaltefrist geringer ist als der Zeitraum zwischen der Ausgabe einer Anleihe des öffentlichen Sektors
am Primärmarkt und ihrem Erwerb am Sekundärmarkt. Denn, wenn
sich eine Anleihe noch gar nicht auf dem Sekundärmarkt zum Handel
befindet, obwohl die Stillhaltefrist abgelaufen ist, kann nicht glaub-
würdig von der Bildung eines Marktpreises die Rede sein. Dies be-

legt: Die Stillhaltefrist ist für die Bildung des Marktpreises prinzipiell
ungeeignet, jedenfalls aber unzureichend.

Folgende Umstände widerlegen die Darstellung der EZB, wonach
sich die Käufer von Staatsanleihen bei den Konditionen des Erwerbs
und beim Risiko des Weiterverkaufs in Ungewissheit befinden.

➤ Einerseits ist das schiere Netto-Zukaufvolumen von zeitweise
80 Milliarden Euro pro Monat ein bislang ungekannter Eingriff
in den Wettbewerb und eine künstliche Verstärkung der Nachfrage, die bereits nach einem Jahr zu einer starken Angebots-
knappheit kaufgeeigneter Anleihen führte. Die Kapitalmärkte
wissen seitdem um diese Knappheit kaufgeeigneter Staatsanleihen und um die Bemühungen des Eurosystems, die angestreb-
ten Volumina über den Preis zu erreichen. Da die Zentralbank
durch Geldschöpfung den Kaufprozess durchführt, kann sie das
Knappheitsproblem – im Unterschied zu allen anderen Marktteilnehmern – mit entsprechenden Preisaufschlägen kompensieren. Dies verstärkt die Gewissheit der Marktteilnehmer, erworbe-
ne Papiere jederzeit absetzen zu können.

➤ Hinzu kommt ein Umstand, der wegen der hohen Anleihenbestände im Eurosystem entscheidend ist. Das Eurosystem reinvestiert die Erträge aus zurückgezahlten Anleihen. Die EZB berich-
tet über den Umfang der Wiederanlage erstmals seit November
2017. Hiernach ist die Nachfrage nach kaufgeeigneten Staats-
leihen anhaltend hoch, weil die Bestandsgrößen der mittlerweile
erworbenen Staatsanleihen von hohem Volumen sind. Wenn das
Eurosystem ab 1.1.2019 keine Nettozukäufe mehr tätigen sollte, bleibt doch der Bestand an Staatsanleihen so hoch, dass allein
die Wiederanlage der fällig gewordenen Anleihen das Eurosystem
zu einem nachhaltigen, großvolumigen Käufer von Staatsanleihen
macht. Allein im April diesen Jahres betrug der vom Eurosystem

reinvestierte Betrag im PSPP 22,9 Milliarden Euro. Nach Planung der EZB werden allein im PSPP von April 2018 bis April 2019 162 Milliarden Euro in den Kauf von Anleihen reinvestiert.[89]

Auch diese Funktionalitätsmerkmale des PSPP/CSPP sind den Kapitalmärkten bekannt. Die Märkte können also mit Gewissheit von einer anhaltenden Nachfrage des Eurosystems ausgehen.

Dementsprechend herrscht auf den Märkten Gewissheit, dass kaufgeeignete Anleihen, die auf dem Primärmarkt gezeichnet wurden, auf dem Sekundärmarkt ohne erhebliches preisliches Risiko an das Eurosystem veräußert werden können.

Die Enthüllung seitens der EZB, dass sich die Stillhaltefrist eher in Tagen als in Wochen bemisst und der Erwerb von Staatsanleihen am Sekundärmarkt typischerweise länger dauert als die Stillhaltefrist[90], vermag nicht davon zu überzeugen, dass das Eurosystem zu Marktpreisen erwirbt. Dies bezweckt das PSPP auch gar nicht. Vielmehr zielt es darauf ab, eine künstliche, durch geschöpftes Geld erzeugte Nachfrage den staatlichen und öffentlichen Emittenten des Eurogebiets zugutekommen zu lassen und dementsprechend das Angebot zu verknappen.[91] Empirisch kann die dadurch entstandene Verbilligung in Gestalt geringerer Zinsen durch einen Vergleich der durchschnittlichen Verzinsung der staatlichen Emittenten des Eurogebiets vor dem PSPP und der mittlerweile eingetretenen durchschnittlichen Zinsen für die einzelnen Emittenten nach mehr als zwei Jahren Umsetzung des PSPP bewiesen werden. Es ist bemerkenswert, dass der EuGH die umfangreichen statistischen Auswertungen des Verhält-

89 Vgl. die Angaben der EZB auf ihrer Webseite:
    https://www.ecb.europa.eu/mopo/implement/omt/html/index.en.html#pspp
90 Vgl. Rdz. 67 und 89 des Schriftsatzes vom 30.11.2017.
91 So die Stellungnahmen von EZB und EU-Kommission

nisses von Aufkaufpolitik und Zinsentwicklung nicht zur Kenntnis nehmen wollte.[92]

Hiernach steht fest, dass das PSPP zumindest billigend den Rückgang der Preise für die kaufgeeigneten Staatsanleihen und öffentlichen Emissionen signifikant und damit unter dem Wettbewerbspreis in Kauf nimmt.

2. Monetäre Staatsfinanzierung statt Budgetkonsolidierung:

Entgegen den Darstellungen der EZB hat das PSPP-Programm die Mitgliedstaaten des Eurogebietes ermutigt, die öffentlichen Haushalte nicht in Ordnung zu bringen und die notwendige fiskalische Adjustierung – jedenfalls zeitlich – zu verschieben. Die EZB sieht sich zu Darlegungen über den Verlust des geldpolitischen Anreizes für eine gesunde Haushaltspolitik dadurch veranlasst, dass der EuGH im OMT-Urteil explizit dieses Kriterium mit der Vereinbarkeit von Offenmarktgeschäften gem. Art. 123 AEUV verband. Die EZB versucht, den Eindruck zu erwecken, dass durch die Obergrenzen der Käufe, das Monitoring seitens der »Generaldirektion Marktoperationen«, das PSPP nicht geeignet sei, die Mitgliedstaaten des Eurogebiets von einer gesunden Fiskalpolitik abzuhalten.

Gleichwohl muss sich die EZB bei dieser Behauptung durch die von ihr eigens vorgetragenen Fakten als widerlegt ansehen:

So gesteht sie zu, dass die nationalen Schuldenagenturen eine Umschuldung zu immer länger laufenden Anleihen vorgenommen haben.[93] Indessen fehlt die ökonomische Analyse dieses Verhaltens:

---

92 Vgl. Marwa BenGhoul, L'impact du programme PSSP de la BCE sur les taux d'intérêts, Berlin 2018 (Europolis Occasional Paper).
93 Vgl. Rdz. 128 des EZB-Schriftsatzes vom 30.11.2017.

Gerade die hoch verschuldeten Staaten möchten die gegenwärtigen, einmaligen Zinskonditionen so weit wie möglich perpetuieren und schulden daher von kurz- und mittelfristigen Verbindlichkeiten auf »Langläufer« um. Der Hinweis auf den leichten Rückgang der aggregierten Staatsverschuldung sagt nichts über die Schuldenpolitik der Problemländer aus.

➤ Dass es mittlerweile für Emittenten mit guter Bonität nur noch Anleihen mit negativer Rendite gibt, scheint der EZB eine marktgerechte Entwicklung zu sein.[94] Die Differenzierung von Investoren beim Erwerb von Anleihen mit negativer Rendite sei nichts Anormales. Denn es gäbe einen Marktpreis für Anleihen des öffentlichen Sektors, der eine negative Rendite beinhalte. Der Umstand, dass die EZB bzw. die Banken des Eurosystems durch die massive Aufkaufpolitik den Emissionswettbewerb und damit die Zinskonditionen dermaßen verfälscht haben, dass es für Schuldner mit mäßiger Bonität möglich wird, mit negativen Renditen Anleihen zu platzieren, wird von der EZB vollständig ausgeblendet.

➤ Ähnliches gilt für die Wirkung der Wiederanlage von fällig gewordenen Anleihen sowie das Halten der Anleihen bis zur Endfälligkeit. Dieser bereits in unseren Schriftsätzen als »Sarkophag-Wirkung« beschriebene Effekt des PSPP-Programms entzieht einen zunehmend großen Anteil von Anleihen dem Handel und damit dem Wettbewerb. Dies verstößt in flagranti gegen das Gebot des unverfälschten Wettbewerbs gem. Art. 119 AEUV.

Die EZB hätte statt der vorgetragenen, nicht überzeugenden Argumente die ihr vorliegende Entwicklung der Zinsen für die un-

---

94 Vgl. Rdz. 117 des EZB-Schriftsatzes vom 30.11.2017.

terschiedlichen staatlichen Emittenten auswerten müssen. Hieraus ergibt sich, dass auch Länder mit anhaltenden Problemen bzw. nach der Durchführung von Sanierungsprogrammen wie Portugal, Irland, Spanien für kurz laufende Anleihen mittlerweile eine negative Rendite bekommen. Wie kann die Europäische Zentralbank, als Hort ökonomischer Expertise, diese Bepreisung von Anleihen von Problemländern als marktgewollt darstellen?! Ein Blick in die großen Problemländer mit anhaltend hohem Bruttoschuldenniveau wie Italien und Frankreich widerlegt die Behauptung der EZB, das PSPP-Programm würde nicht zur Verweigerung oder zeitlichen Verschiebung der notwendigen fiskalischen Adjustierung führen:

➤ Italien hat zum Jahreswechsel 2016/2017 17 Milliarden neue Anleihen aufgenommen, um Banken von angeblicher Systemrelevanz oder regionaler Bedeutung zu rekapitalisieren. Im Übrigen belegt die Fiskalpolitik der neuen italienischen Regierung sehr eindrucksvoll, wie sehr die Ankaufpolitik der italienisch geführten EZB die stabilitätswidrige Ausgabenpolitik fördert.

➤ Der Präsident des Französischen Rechnungshofs, Didier Migaud, bemängelt in seinem letzten Jahresbericht das gänzliche Unterlassen der französischen Regierung, Vorschläge für eine mittelfristige Reduzierung des Defizites und für die Absenkung des Schuldenstandes vorzulegen.[95]

Im besonderen Maße gehen Wettbewerbsverfälschungen unter Verstoß gegen Art. 119 AEUV von der Monetarisierung der Refinanzierungsanleihen, insbesondere des ESM, des EFSF, der EIB und des EFSM aus. Die »Arbeitsteilung« zwischen den Eu-

---

95 Vgl. das Gespräch des Präsidenten Didier Migaud mit der Tageszeitung Le Monde am 08.02.2018, S. 8 und 9.

rorettungsmechanismen und der EZB auf dem Primär- und Sekundärmarkt perpetuiert die Wettbewerbsverfälschung. Die Refinanzierung der Anleihen des ESM über die Anerkennung ihrer Notenbankfähigkeit hinaus durch direkten Erwerb der Anleihe seitens der EZB ist im Übrigen nicht nur eine künstliche Verbesserung der Refinanzierungskonditionen des ESM und seiner Geschwisterorganisationen, sondern auch eine fiskalisch inakzeptable Risikoinkaufnahme, deren Haftungsfolgen im System der Art. 32, 33 EZB-Satzung offen gelassen werden.

In dieser Refinanzierung von ESM, EFSF, EIB und EFSM liegt auch ein Verstoß gegen Art. 124 AEUV. Denn der Erwerb von bis zu 50 Prozent der Emissionen öffentlicher, supranationaler EU-Organisationen verschafft diesen Organisationen jenen privilegierten Zugang zur Zentralbankenfinanzierung, den Art. 124 AEUV gerade verbieten will.

Schließlich vermeidet die Erklärung der EZB jedwede Auseinandersetzung mit der Frage, welche Wirkungen ein Auslaufen des PSPP – und sei es nur in Gestalt eines Tapering – auf die Märkte, die Banken, die Haushalte der Euromitgliedstaaten und die Finanzstabilität insgesamt haben wird. Trotz anhaltender Hochkonjunktur in manchen Eurozonenländern oder zumindest im Lichte eines kräftigen Aufschwungs überall in der Eurozone stellte sich die Frage der geldpolitischen Adäquatheit im Sinne des Verhältnismäßigkeitsgrundsatzes des anhaltenden Aufkaufprogramms bereits im Sommer 2017 mit großer Dringlichkeit. Die Gewöhnung der staatlichen Emittenten und Schuldner an einen Nachfrager in Gestalt des Eurosystems, der durch Geldschöpfung artifiziell die Nachfrage verstärkt und die Finanzierungskosten senkt, könnte bei unterlassener Adjustierung der Ausgaben zu einer Abhängigkeit der Haushalte von der bisherigen geldpolitischen »Begleitung« führen. Die EZB hat es dennoch unterlas-

sen, sich mit dieser Fragestellung, die im Hinblick auf die Ver-
hältnismäßigkeit des anhaltenden Open-end-Programms PSPP
entscheidend ist, auch nur annähernd auseinanderzusetzen. Sie
nimmt damit billigend in Kauf, im Falle konjunktureller Abküh-
lung über keinerlei strategische Reserven geldpolitischen Handelns zu verfügen.

Ich fasse zusammen:

➤ Die EZB hat die ihr gestellten Fragen nicht beantwortet, sondern interpretiert dieselben, um die Intransparenz und den Allmachtsanspruch ihres Handelns fortzusetzen.

➤ Die EZB ist zur großen Spielmacherin der Wettbewerbsverfälschung auf den Kapitalmärkten für Staatsanleihen und Unternehmensanleihen geworden und hat so das System unverfälschten Wettbewerbs suspendiert.

4. Schieflage der Banca Monte dei Paschi di Siena

EUROPÄISCHE ZENTRALBANK

EUROSYSTEM

ECB-UNRESTRICTED

Herrn

Prof. Dr. jur. Markus C. Kerber

Hackescher Markt 4

10178 Berlin

Frankfurt am Main, 26. Juli 2017

Rückfragen an: Andreas Witte

Durchwahl: 8230

E-Mail: Andreas.Witte@ecb.europa.eu

Banca Monte dei Paschi di Siena (MPS) sowie Veneto Banca und Banca Popolare di Vicenza

Sehr geehrter Herr Professor Kerber,

Vielen Dank für Ihr Schreiben vom 22. Mai.

Wir haben die von Ihnen vorgebrachten Punkte geprüft.

Wir möchten Ihnen aber mitteilen, dass wir Ihre Einschätzung nicht teilen. Aus unserer Sicht wurden seitens der EZB sämtliche Regeln der Bankenunion angewendet. Wir werden dies auch in Zukunft tun.

Wir bedauern, dass Sie anderer Auffassung sind.

Mit freundlichen Grüßen,

Prof. Dr. Chiara Zilioli

Generaldirektorin Rechtsdienste

Address
European Central Bank
Sonnemannstrasse 20
60314 Frankfurt am Main
Germany

Postal address
European Central Bank
60640 Frankfurt am Main
Germany

Tel.: +49 69 1344 0
Fax: +49 69 1344 6000
E-mail: info@ecb.europa.eu
Website: www.ecb.europa.eu

Über den Autor

Prof. Dr. Markus C. Kerber ist Professor für öffentliche Finanzwirtschaft und Wirtschaftspolitik an der Technischen Universität Berlin. Er geht zahlreichen Gastprofessuren nach, so am I.E.P. Paris sowie an der Universität Paris II Panthéon-Assas und an der Warsaw School of Economics. Von 1998 bis 2001 war er Gastdozent an der Führungsakademie der Bundeswehr. Kerber veröffentlicht regelmäßig Schriften zur öffentlichen Finanzwirtschaft und Unternehmensfinanzierung sowie zum Gesellschaftsrecht, Kartellrecht und Europarecht. 2005 gründete er den Thinktank Europolis. Er ist seit vielen Jahren Mitglied der Kurt-Schumacher-Gesellschaft und der Hayek-Gesellschaft.

Jüngste Veröffentlichungen:
Europa ohne Frankreich? Deutsche Anmerkungen zur französischen Frage (Edition Europolis)
Positionen und Argumente im Kampf mit Brüssel, Luxemburg, Berlin (Metropolis Verlag)
Wehrt euch, Bürger! 2. Auflage (FinanzBuch Verlag)

Sie erreichen den Autor unter: mckerber@europolis-online.org
Anschrift:
Technische Universität Berlin,
Fakultät VII Wirtschaft und Management,
Sekr. H58, Str. des 17. Juni 135,
10623 Berlin

Wehrt euch, Bürger!

Markus C. Kerber

Während in Brüssel noch diskutiert wird, ob Europa ein Staaten-
verbund oder ein Bundesstaat ist, macht sich eine Institution
breit, die dabei ist, alle wesentlichen wirtschaftspolitischen
Kompetenzen an sich zu ziehen und niemandem mehr
rechenschaftspflichtig zu sein: die Europäische Zentralbank
(EZB). Den Deutschen einst als neue und bessere Bundesbank
verkauft, ist die EZB zu einer Gefahr für das gesamte
Finanzsystem geworden. Denn für sie gelten besondere
Gesetze oder gar keine. Sie finanziert eigentlich insolvente
Staaten und pumpt aktuell mehr als 1 Billion Euro in den
Geldkreislauf. Dieses Buch ist mehr als eine wissenschaftliche
Analyse, es ist Pamphlet und Aufruf zugleich und erscheint
bereits in der 2., überarbeiteten Auflage.

160 Seiten | Softcover | 14, 99 € (D) | 978-3-89879-925-6

MARKUS C. KERBER

Europa ohne Frankreich?

Deutsche Anmerkungen zur französischen Frage

ESSAYS ZUM NEUEN UND ALTEN EUROPA

Edition EuroPOLIS

ESSAYS ZUM NEUEN UND ALTEN EUROPA

NOTA BENE!

In der Regel gehört es nicht zu den Aufgaben eines Autors, seinem Buch ein Vorwort voranzustellen und sich hiermit an den Leser zu wenden. Von dieser Regel wird bei den unter dem Titel „Europa ohne Frankreich?" versammelten Texten eine Ausnahme gemacht.

Denn der Autor bittet den gewogenen Leser um Entschuldigung dafür, Texte, die vor ca. 20 Jahren entstanden sind, unbearbeitet der Öffentlichkeit erneut zu präsentieren.

Bereits die Erstfassung, die nach jahrelangem Rechtsstreit mit Suhrkamp erst 2006 verlegt wurde, war sehr schnell vergriffen.

Suhrkamp, obschon seit 1999 zur Verbreitung vertraglich verpflichtet, zog es vor, sich darauf zu konzentrieren, dieses Werk der deutschen Öffentlichkeit vorzuenthalten. Der Text, einstmals 1997 durch den Herausgeber des Merkurs, Prof. Dr. Karl-Heinz Bohrer, dem Suhrkamp-Verlag nahegebracht, wurde 1998 von dem zuständigen Verlagslektor „angenommen" und Siegfried Unseld selbst unterschrieb Anfang 1999 den Verlagsvertrag. Dennoch unterließ der Suhrkamp-Verlag trotz mehrfacher Mahnungen jedwede Lektorierung des Textes. Seit 2003 meinte die Verlagsleitung, der Text sei nicht mehr veröffentlichungsfähig, weil er als zeitgeschichtliche Prosa an Aktualität verloren habe. Schließlich weigerte sich die Witwe Unseld in einem Schreiben vom 23. Juni 2004 schlichtweg, den verlagsvertraglichen Verpflichtungen nachzukommen. In Ihrem Schreiben führte sie aus, dass der Text „bei genauerer Durchsicht an vielen Stellen" überzogen polemisch und einseitig sei sowie die Ehre des französischen Volkes verletze.

Der Verfasser verklagte daraufhin den Suhrkamp-Verlag auf Veröffentlichung des gesamten Textes. Das Ergebnis dieses Rechtsstreits wurde aus der Tagespresse bekannt und wird seitdem in Fachzeitschriften diskutiert. Suhrkamp fügte sich dem Urteilsspruch des OLG Frankfurt, ließ das Buch fertigen, um es einen Tag nach dem Ende der Leipziger Frühjahrsmesse auszuliefern. Dem Sortimentsbuchhandel wurde das Buch entgegen aller Usancen nie aktuell angekündigt.

Seitdem werden an den Verfasser regelmäßig Anfragen wegen des Textes gerichtet. Daher habe ich beschlossen, noch vor einer ergänzenden und aktualisierten Neuauflage den Originaltext der Öffentlichkeit zur Verfügung zu stellen.

Ob die zeitdiagnostischen Beobachtungen von damals an Wert verloren oder sich retroaktiv als hellsichtig herausgestellt haben, obliegt dem souveränen Urteil des Lesers.

„Ohne Konfrontation mit Frankreich ist Europa nicht zu bauen. Aber die Waffe, mit der Deutschland dieser Herausforderung begegnen muss, ist das europäische Gemeinschaftsrecht. Erst wenn Deutschland also diese Herausforderung auf jene europäische Weise annimmt, wird es an Kontur gewinnen und für die anderen europäischen Völker ein Zeichen setzen."

Markus C. Kerber

Europa ohne Frankreich?
224 Seiten, kartoniert,
Preis: 13,00 € (zzgl. Versandkosten)
ISBN 978-3-9814942-6-6, ISSN 2193-5289

Zu beziehen über Edition Europolis:

Edition Europolis UG (haftungsbeschränkt) & Co. KG, Hackescher Markt 4, 10178 Berlin
Tel.: (030) 843 14 136, Fax: (030) 843 14 137, E-Mail: edition@europolis-online.org

oder über jede Buchhandlung.

Wenn Sie **Interesse** an
unseren Büchern haben,

z. B. als Geschenk für Ihre Kundenbindungsprojekte,

fordern Sie unsere attraktiven Sonderkonditionen an.

Weitere Informationen erhalten Sie bei unserem

Vertriebsteam unter +49 89 651285-154

oder schreiben Sie uns per E-Mail an:

vertrieb@finanzbuchverlag.de